empodera tu valor

Una Guía Para la Mujer Que Quiere Aumentar su Autoestima & Valor Neto

VICTORIA LOWELL

VICTORIA LOWELL
Empodera tu Valor: Una Guía Para la Mujer Que Quiere Aumentar su Autoestima & Valor Neto

TÍTULO ORIGINAL
Empower Your Worth: A Woman's Guide to Increasing Self-Worth & Net Worth

Empowered Worth, LLC.

Primera edición

ISBN DE LA EDICIÓN RÚSTICA 978-1-7332419-2-2
ISBN DEL LIBRO DIGITAL 978-1-7332419-3-9

DISEÑO DE PORTADA Y LIBRO Jazmin Welch
EDITOR Lori Bamber
AUTOR DEL RETRATO FOTOGRÁFICO May Bagnell
APOYO EDITORIAL The Self Publishing Agency
TRADUCCIÓN DEL INGLÉS AL ESPAÑOL María Lorena Cerón Abraham

Dedico este libro a mis hijas, Madison y Grace.

AGRADECIMIENTOS

Me hubiese sido imposible comprender en toda su magnitud lo que significaría escribir este libro antes de hacerlo. El proceso de transformar mis años de experiencia en finanzas en una forma de empoderar a otras mujeres también me ha dado mucho poder a mí.

Espero que este libro sea la chispa que inicie tu camino hacia el empoderamiento financiero.

A mi esposo, Carlos: gracias por el inquebrantable respaldo que nos has dado a *Empowered Worth* y a mí.

Eres quien más me ha apoyado. No podría haber hecho esto sin ti.

Gracias a mi mamá, a mi papá y a mi familia por su apoyo y amor de toda la vida.

Gracias, B. M., por iniciarme en el camino de educar a las mujeres y destacar la necesidad de contar con un mentor personal. Has sido una gran amiga, y también una mentora para mí desde el primer día que hablamos de este tema hace muchos años.

Gracias a todas las maravillosas mujeres que han trabajado en *Empowered Worth*, haciendo realidad este movimiento.

Gracias a mi grupo de discusión. Sus opiniones, consejos y sugerencias han sido cruciales para garantizar que nuestro mensaje llegue a donde tiene que llegar. Es mi deseo que siempre podamos reunirnos y hablar de nuestros esfuerzos y objetivos mutuos con una buena copa de vino.

Por último, pero no menos importante, gracias a todas las valiosas mujeres que he tenido el honor de asesorar. Sus historias han sido la inspiración para nuestro movimiento. Es su valentía para romper el ciclo de apatía financiera lo que me ha permitido ayudar a otras mujeres.

TABLA DE CONTENIDO

PRÓLOGO

Me encanta *Orgullo y prejuicio* y he sido admiradora de Jane Austen desde que tengo uso de razón. He leído todos y cada uno de los libros que ha escrito, varias veces. Sí, yo soy de esas que busca en Internet a cualquier autor del mismo estilo de Jane Austen que continúe la historia de Elizabeth y Darcy a través de sus propias iteraciones de la voz y la pluma silenciadas hace mucho tiempo.

¿Por qué esta fascinación con Jane Austen? Mi historia de amor con todo lo relacionado con el Reino Unido comenzó en segundo grado cuando asistí a una escuela de gramática inglesa en las Bahamas, con una estricta y muy correcta directora escocesa. Pronto me encontré absorta en libros sobre las aventuras de colegialas inglesas. Poco tiempo después, pasé a Jane Austen y otros autores del mismo período histórico. Todos tenían un denominador común: eran producto de su época.

Se ha comprobado en círculos científicos que, en gran medida, somos productos de nuestros entornos. Ciertamente yo lo soy. Vengo de un hogar latino tradicional, donde mi padre y mi abuelo eran los trabajadores, respetados y venerados fundadores de una empresa familiar, y mi madre y mi abuela eran las encargadas de criar a los hijos y resolver los problemas de nuestra familia. Era a mi madre y a mi abuela a quienes todos acudíamos cuando teníamos un problema o necesitábamos algo. Todos tenían un rol que desempeñar, y esos roles casi nunca, si es que alguna vez ocurría, se revertían o compartían. La nuestra era una unidad familiar como la de Elizabeth y Darcy, actualizada en el siglo XXI con arroz y frijoles negros cubanos en la olla para completar el cuadro.

Puedes pensar que lo que voy a decir es un poco exagerado, pero no creo que esté muy lejos de la realidad. Al igual que Darcy y Elizabeth, crecí pensando que mi esposo me protegería y me salvaría. No veía nada malo en este escenario y, francamente, era reconfortante en un nivel muy primitivo. Si yo cuidaba a mi familia como mi abuela y mi madre lo hicieron antes que yo, entonces mi esposo se encargaría del «panorama general», es decir, de las finanzas, de la misma manera que mi padre y mi abuelo lo habían hecho. Seamos realistas, en ninguna parte de *Orgullo y prejuicio* leemos que Elizabeth le da consejos a Darcy sobre cómo administrar Pemberley (si no estás muy familiarizada con la obra de Jane Austen, busca «Pemberley» en Google).

¿Vivía en cierta forma en un mundo romántico y de fantasía? La respuesta es un rotundo sí. Voy a argumentar que, como mujeres, tendemos a vivir en un mundo que no es necesariamente fantasía, pero que requiere que seamos muchas cosas para muchas personas en todo momento. ¿Hacerlo todo y hacerlo bien al mismo tiempo? Eso sí me parece FANTASÍA.

Se espera que seamos las mejores madres, las mejores esposas, las mejores profesionales, las mejores amas de casa, las mejores directoras sociales, y así sucesivamente. Hacemos malabares con el embarazo y el parto, los disfraces de *Halloween*, el pavo y la decoración en el día de Acción de Gracias, la cena de Navidad y Papá Noel, la búsqueda de huevos de Pascua, el ratón de los dientes, las visitas al pediatra, elegir la tela para cortinas y sofás, comprar ropa para toda la familia, las cenas en casa y la organización de salidas con amigos y eventos escolares. (¡¿Qué?! ¡¿No vas a ser una madre dedicada a las actividades escolares?! ¡Qué horror!). Y esto sigue y sigue y sigue. ¿Mencioné que hacemos todo esto mientras fundamos y administramos nuestras empresas o avanzamos en nuestras carreras profesionales de alto nivel? Y no olvidemos lo que llamo el «mantenimiento personal»: el gimnasio, la peluquería y los tratamientos con láser, todo con el objetivo de lucir elegantes y hermosas.

En algo tenemos que fallar, y siempre ocurre.

Lamentablemente, en lo que fallamos no suele ser una de las muchas tareas que mencioné anteriormente, sino en la decisión voluntaria o autoimpuesta de exiliarnos de la fase de planificación financiera de nuestras vidas. Estoy generalizando un poco aquí, y esto ciertamente no se aplica por igual a todas. Pero en mi experiencia, la mayoría de las mujeres se mantienen al margen de las finanzas generales de su familia porque es demasiado. ¿Cuántas cosas más tenemos que dominar? ¿De cuánto más podemos encargarnos?

Sé que me ocupaba de demasiadas cosas en esos años cuando estaba tratando de hacerlo todo. Sé que ciertamente no presté atención como debí haberlo hecho.

Fundé una empresa muy exitosa hace casi 25 años. Crie tres hijos, que ahora están iniciando o terminando la universidad. Decoré, manejé una casa, planeé vacaciones. Lo hice todo, y más. De hecho, fui el principal sostén de mi matrimonio, que terminó después de 20 años. Fue mi decisión terminar el matrimonio.

Seré sincera. En el momento de mi divorcio, no conocía bien el estado de algunas de nuestras inversiones. Ni siquiera tenía toda la documentación que me pidió mi abogado cuando comenzamos el arduo proceso de la declaración jurada financiera. Lo llamo el «doloroso rompecabezas de dinero con el que nadie quiere lidiar». Si los documentos en cuestión estaban dentro de lo que me correspondía (mi empresa, las facturas de la casa, etc.), todos estaban disponibles y organizados. ¿Mencioné que "The Container Store" (una tienda de contenedores) es mi lugar favorito en el mundo? Era muy buena para recolectar estados de cuenta y crear etiquetas para clasificar por colores los archivos que tenía a la mano. Pero era pésima para sentarme una vez al año para planificar nuestro futuro o para tomarme el tiempo de mirar las inversiones que mi esposo había hecho o dónde él (en realidad «nosotros», porque me convertí en una participante voluntaria por defecto) había depositado dinero. No recuerdo haber nunca preguntado algo sobre las declaraciones de impuestos al contador o a mi esposo. Estaba demasiado ocupada manteniendo las ruedas girando y todas las bolas en el aire, al mismo tiempo.

Puedes imaginar mi horror cuando descubrí que mi ahora ex esposo siempre me había incluido como la persona «secundaria» en nuestras tarjetas de crédito y extractos bancarios, desde el inicio de nuestro matrimonio. Me di cuenta muy claramente de lo que eso realmente significaba en términos de salirme de este matrimonio de dos décadas. Tenía muy poco crédito a mi nombre, a pesar de que la mayoría de las facturas se pagaban con lo que ingresaba gracias al sudor de mi frente. Sinvergüenza.

Entré en la oficina de Vicky llena de vergüenza y temor. Tenía mucho que aprender y poco tiempo para superar la gran curva de aprendizaje. Una vez que superé la vergüenza y me sinceré sobre mi falta de conocimiento, todo fue mucho más fácil. Con mucho tacto me guiaron e instruyeron y por eso, estaré eternamente agradecida con Victoria y su esposo.

Empodera tu valor es una lectura esencial, sea cual sea tu nivel de educación en finanzas personales hasta el momento. Hay muchos consejos sabios en estas páginas para todas. Deberían leerlo mujeres jóvenes de todo el mundo, especialmente aquellas que están en la universidad, cuando la realidad de la vida post-estudiantil comienza a surgir, y están diseñando sus primeros movimientos profesionales y posiblemente pensando en una pareja e hijos más adelante.

Nunca te arrepentirás de comenzar tu educación sobre el dinero ahora en lugar de cuando estés en medio de un problema, y no solo me refiero a la crisis de un divorcio.

La vida se vuelve cada vez más rápida. Estamos avanzando a gran velocidad. Es como un tren bala japonés que pasa a tu lado mientras te paras en el andén, y nunca puedes alcanzarlo.

Un humilde consejo: detente ahora y aprovecha el tiempo para aprender a empoderar tu valor. Aprende sobre finanzas y participa activamente en tu vida financiera. Solo a través de la educación podemos empoderarnos. Es una regla general que se aplica a casi todo en la vida, pero aún más cuando se trata de dinero. La tela para el sofá puede esperar, y puedes responder a ese correo electrónico de tu nuevo cliente mañana, pero tu salud financiera y, por ende, tu salud emocional, no puede ni debe esperar.

Ya es hora de que nosotras, como mujeres, le demos a nuestra estabilidad financiera la importancia y el tiempo que se merece. No se puede construir sobre arena: la base debe estar allí. ¿Por qué no comenzar ahora?

Estoy segura de que Elizabeth Darcy sería parte de este movimiento si hubiera nacido unos 185 años después. Una Elizabeth moderna, incluso una que se casa con un hombre de grandes riquezas y privilegios, probablemente estaría administrando el fundo con su pareja y supervisando todo tipo de proyectos, no solo planeando las comidas y los eventos sociales. Al menos me gusta pensar que sería así.

Disfruta la lectura, y bienvenida al club de *Empowered Worth*. Te va a encantar.

Una clienta agradecida
(Que desea permanecer en el anonimato).

CAPÍTULO 1

Is ¿Está tu valor neto afectando tu autoestima?

HE PASADO MUCHOS AÑOS TRABAJANDO EN LA INDUSTRIA financiera y hay una situación que he enfrentado una y otra vez.

Nuestro equipo recibe muchos referidos de posibles clientes, personas de todos los estilos y grupos sociales. Cuando llega el momento, preparamos todo para la primera reunión. El paquete de información está listo, hay agua fría en la sala de conferencias y estamos todos entusiasmados: otra mujer va a venir a pedirnos asesoría financiera.

La mayoría de estas damas acuden a nosotros cuando enfrentan problemas en sus vidas. Algo les sucedió, y ahora tienen que tomar las riendas de sus futuros financieros. Las recuerdo a todas: eran mujeres inteligentes y seguras, pero muchas de ellas se sentían devastadas por lo que les acababa de ocurrir. Recuerdo sus lágrimas y enojo, pero lo que más me impresionaba era cuánto se despreciaban a sí mismas. Estaban molestas consigo mismas por encontrarse en esta situación. Muchas me hablaron de la vergüenza que les daba reconocer que sabían muy poco acerca de sus finanzas. Sentían que nunca las habían animado a aprovechar su poder financiero; como a muchas otras mujeres, las criaron con la idea de que un día un hombre llegaría y se encargaría de todo.

Para algunas, ese hombre nunca había llegado. Para muchas, había llegado y ahora se había ido.

Estos son las clientas en las que no puedo dejar de pensar. Me apasionó la idea de romper este estereotipo: la damisela que necesita un hombre para manejar su dinero porque carece de los conocimientos necesarios. Comencé a analizar mi relación con el dinero y las relaciones que mi madre y mi abuela tienen y tenían con el dinero. Analicé a mis hijas, de 16 y 19 años, y vi que, si bien ha habido un gran avance entre las generaciones, todavía necesitamos empoderar a nuestro género en lo que respecta a las finanzas personales e inversiones.

Con el tiempo, vi que mis clientas comenzaban a confiar más en su valor y me conmovió la forma en que ese cambio influyó en su autoestima. Me preguntaba qué significaba valor para nosotras y cómo se entremezclaban esas dos definiciones.

Finalmente, creé el movimiento, el sitio web, la plataforma educativa y el libro de *Empowered Worth* para educar y apoyar a las mujeres, con el fin de que se adueñaran de sus vidas y futuros financieros.

Mi primera parada en este camino fue buscar la definición de valor. El diccionario *Merriam-Webster* lo define de la siguiente manera: «valor monetario; algo medido por su calidad, por la estima con la que se lleva a cabo; valor moral o personal; riqueza o patrimonio».

Sin embargo, cuando nos preguntamos qué es valor, la pregunta más importante es: «¿Qué significa valor para mí?».

Al igual que muchas de las mujeres a las que he ofrecido asesoría financiera, lo primero en lo que pienso cuando me hago esa pregunta es el valor emocional, el valor personal. Para muchas mujeres, valor es primero nuestros sentimientos de autoestima y todos los componentes que conforman la forma en que nos vemos y nos valoramos a nosotras mismas, nuestro «valor moral o personal», como lo expresa el diccionario *Merriam-Webster*.

Estos son los componentes que me hacen ser quien soy: madre, esposa, mujer de negocios, hija, etc. Si enumero los factores en los que baso mi valor personal hoy, los más importantes no tienen nada que ver con dinero. El primero es mi familia, la familia que he construido con mi esposo y nuestras dos hijas. El siguiente sería la familia en la que nací, mis padres, mis hermanos y mis amigos, el hecho de que las personas en mi vida me aman y admiran y que soy digna de su confianza.

Como mujer de fe, creo que todos en este mundo nacemos con un valor innato, algo que nos ha sido dado por la chispa de vida. Venimos a este mundo a merecer todo lo que hay en él. Pero a veces crecemos de maneras que no nos permiten tener ese sentido de valor, de adueñarnos de él. A veces, el primer paso para alcanzar el valor *neto* es tener un sentido saludable de nuestro valor *personal* o autoestima.

Lo contrario también es verdad. Como experta financiera, tengo muy claro el hecho de que la definición de valor como valor monetario, con todas sus connotaciones financieras, tiene un enorme impacto en nuestras vidas *Y* en nuestro sentido de valor personal.

Bajo el ámbito de valor neto encajan preguntas como:

- ¿Qué es el valor neto?
- ¿Cuál es mi valor neto (su valor numérico)?

- ¿Dónde encajo en los distintos niveles del valor neto?
- ¿De dónde viene mi dinero?
- ¿Podré jubilarme?
- ¿Cuáles son mis objetivos?
- Si algo le sucede a mi pareja o a mi salud hoy, ¿en dónde me encontraré?

Cuando analizamos las finanzas personales, pensamos en el valor neto.

Al considerar lo que significa valor para mí, miro las cosas materiales que he acumulado. Creo que todos lo hacemos. Algunas personas miran a su alrededor y se sienten valiosas si pueden proveer un hogar para su familia, si pueden poner comida en la mesa y cuidar a las personas que aman, incluso en el nivel más básico. Sé que para muchos otros las trampas de la súper riqueza los hacen sentir valiosos: tener el *Maserati* o el *Ferrari*, el reloj *Cartier* y el *Rolex*, llevar el bolso de moda de las pasarelas de otoño.

Y no creo que haya nada malo en eso. Como dijo una vez una sabia anciana: «Las personas crecen como flores en un jardín. Cada una es única; cada una es hermosa». Todos tenemos nuestras peculiaridades. Todos tenemos una relación personal con los conceptos de valor personal, valor neto y lo que significa ser valioso.

Como experta en finanzas personales, con demasiada frecuencia encuentro que las personas (mujeres y hombres) no saben lo que significa valor neto cuando hablan con un banquero, un analista financiero o un asesor financiero.

Desde una perspectiva técnica, el valor neto es básicamente el resultado de los activos menos los pasivos. Tomas la suma total de todo lo monetario que has acumulado en la vida y restas el total de las deudas pendientes. Lo que queda es tu valor neto.

¿CUÁL ES TU HISTORIA DE DINERO?

Bastante básico, ¿verdad? Pero después de años de trabajar como asesora financiera, aprendí que el «valor» no es básico. Es personal. Cada persona tiene lo que yo llamo *guiones sobre el dinero* profundamente arraigados en su mente.

Déjame explicarte lo que quiero decir. Descubrí que cada persona que entra a una institución financiera para pasar por el proceso de planificación financiera tiene una historia de dinero. Tu historia probablemente se remonta a tu infancia, cuando tuviste tu primera percepción sobre cómo funciona y qué es el dinero.

Tengo una amiga muy querida que es empresaria. Cuando le 'emprendedora. «Cuando era pequeña, ponía etiquetas de precios en toda mi casa y tenía una tienda. Fue mi mayor fascinación. Las otras niñas jugaban a las muñecas, yo jugaba a la tienda».

De donde sea que haya venido su guión sobre el dinero, lo asumió temprano, y al seguirlo, fue capaz de crear una variedad de pequeñas empresas exitosas.

Conozco otras personas que cuentan historias diferentes. «Vi a mi padre usar el dinero para dominar a mi madre. Era algo que usaba para controlarla». Estas personas a menudo ven el dinero como algo malo. Veo personas que crecieron sin dinero. Ahora lo tienen, y lo acumulan porque tienen mucho miedo de no volver a tenerlo o lo gastan sin pensar porque crecieron viendo gastar a personas adineradas y quieren sentirse ricos y que los demás los perciban así.

Algunos ven el dinero como un medio de control; para otros, significa libertad.

Mujeres vinieron a mi oficina y me contaron historias de maltrato de las que no pudieron escapar hasta que alcanzaron una base financiera sólida. Una me dijo que se casó con alguien que era controlador y agresivo. «Lo primero que hizo fue quitarme mi identidad financiera», dijo.

Todos esos guiones sobre el dinero entran en juego cuando hablamos del valor. Asimismo, descubrí que la autoestima de una mujer se ve muy afectada por el hecho de si participa o no en la toma de decisiones financieras. Es increíblemente importante para nuestro sentido de identidad ser parte de las decisiones que afectan nuestro futuro.

En algún momento, no tendremos otra opción. Un informe de Estadísticas Vitales Nacionales de 2017 encontró que ocho de cada 10 mujeres serán las únicas responsables de sus finanzas en algún momento de sus vidas. En 2018, el banco suizo UBS publicó un informe llamado *Own Your Worth* (Adueñate de tu valor), y su investigación arrojó que el 59 por ciento de sus clientas divorciadas o viudas dijeron que desearían haberse involucrado antes en la toma de decisiones financieras a largo plazo de su familia.

Lo que vemos cuando analizamos estadísticas como esta es que, por alguna razón, las mujeres no se sienten lo suficientemente valiosas como para involucrarse en sus propias vidas financieras.

Con demasiada frecuencia, simplemente no se sientan en la mesa donde se toman las decisiones financieras. Tenemos que preguntarnos por qué. En mi experiencia como asesora financiera, descubrí que las mujeres que no participaban en el proceso de planificación financiera usualmente sentían que no tenían el nivel de capacidad que ellas creían que debía tener alguien para participar en esas conversaciones.

Estas eran mujeres de todas las clases sociales: mujeres que solo terminaron la secundaria, mujeres que tenían carreras de cuatro años, mujeres que tenían maestrías y doctorados. Cuando eran pequeñas, a estas mujeres les dieron guiones sobre el dinero que incluían ideas anticuadas como «las niñas no son buenas en matemáticas» y «nuestro esposo cuidará de nosotras y se encargará de las finanzas».

Estos mitos están profundamente arraigados: el informe *Own Your Worth* de UBS también descubrió que el 66 por ciento de las mujeres no invertían porque creían que era demasiado complicado.

Como una habilidad para la vida y un componente de la autoestima, la formación financiera es crítica. Como asesora, la pregunta que me hice fue: «¿Cómo ayudo a las mujeres a moverse del punto A al punto B? ¿Cómo las llevo de sus obsoletos guiones sobre el dinero y su propia capacidad y responsabilidad, a la formación y el empoderamiento financieros?»

LIBÉRATE

Cuanto más pensaba en empoderar a las mujeres para que llevaran su vida, valor personal y valor neto, al siguiente nivel, más me daba cuenta de que se trataba de proporcionar acceso a la educación básica que necesitan para incorporarse plenamente al proceso de planificación financiera.

La idea de que tienes que ser el socio silencioso en la mesa financiera porque eres parte de una pareja ya está obsoleta. Es imperativo que todas las mujeres, solteras y casadas, conozcan los detalles de sus vidas financieras. ¿Puedes responder las siguientes preguntas?

- ¿Cuáles son tus activos y tus pasivos?
- ¿Tienes tu propia tarjeta de crédito y tu propio crédito?
- ¿Qué calificación crediticia tienes?
- ¿Cuál es tu fuente de ingresos?

Me reúno con empresarias que han sido creadoras y ejecutoras del cambio social. Sin embargo, cuando les pregunto cuál es su fuente de ingresos, me dicen algo como: «Espera un segundo, déjame llamar a mi gente de contabilidad».

No pueden responder a esas preguntas vitales. Como propietaria de una pequeña empresa, entiendo que es imposible ponerse mil sombreros. Pero, si bien sería una tontería que el dueño de una empresa hiciera su propia contabilidad, es esencial que todos conozcamos los números clave en nuestras vidas financieras, comerciales y personales, en todo momento. Trabajar con expertos es un paso valioso para empoderar tu valor, pero debes ser capaz de sentarte con ellos y tener conversaciones poderosas, significativas y efectivas.

Para usar una analogía, es posible que no puedas hablar con tu doctor usando un lenguaje médico cuando vayas a hacerte un examen o recibas un diagnóstico. Pero puedes sentarte y pedirle que te explique las cosas que son importantes para ti en un lenguaje que puedas entender. Ocurre lo mismo con los expertos financieros. Debes sentirte lo suficientemente cómoda para decirles: «Necesito que me expliquen esto».

El empoderamiento financiero no tiene que suceder al instante y, de hecho, no sucederá así. Es como la antigua adivinanza: «¿Cómo se come un elefante?»

Un bocado a la vez.

Cada pregunta que haces y cada conocimiento que adquieres aumenta tu formación financiera. Y eso aumenta tu confianza, y eso a su vez te permite hacer más preguntas y aprender más.

Incluso los líderes políticos están tomando conciencia de la importancia absoluta de la formación financiera. En mi ciudad natal, Miami, Florida, la Comisión de Bolsa y Valores de los Estados Unidos (SEC, por sus siglas en inglés) creó un plan de estudios para enseñar finanzas personales a los estudiantes de secundaria, un programa que comenzó en 2017.

Y si no estás a punto de comenzar la escuela secundaria en Miami o en algún lugar donde se imparten programas similares, este libro es para ti.

Las estadísticas refuerzan lo que aprendí en mi práctica profesional: hay demasiadas mujeres que todavía no están tomando las riendas de sus vidas financieras. A menudo, no se consideran lo suficientemente valiosas para hacerlo. Como resultado, sus sentidos de autoestima y empoderamiento sufren. Si se divorcian o enviudan, e incluso si están casadas, son vulnerables.

Mis años en el campo de las finanzas me han dejado con un gran caudal de historias que demuestran que, si estás entre estas mujeres (sin importar si eres soltera o casada, o si eres empresaria, estás comenzando la universidad o pensando en tu jubilación) no estás sola.

Muchas clientas me contaban que caminaban por Miami en sus tacones *Louboutin* con sus bolsos *Louis Vuitton* sintiéndose un fraude porque no sabían de dónde provenía su dinero. No tenían idea de si sus esposos eran solventes o si se estaban ahogando en deudas de tarjetas de crédito. Simplemente aceptaban la vida como era.

En este libro, encontrarás los componentes clave para iniciar el camino hacia el empoderamiento, comenzando con un llamado a la acción.

Al final de cada capítulo, encontrarás algunos pasos muy simples que puedes dar de inmediato para avanzar en el camino hacia el empoderamiento financiero. Un pequeño bocado a la vez.

IDEAS VALIOSAS
que te deja el Capítulo 1

- Muchas mujeres se sienten perdidas cuando tienen que tomar decisiones financieras. Si te sientes así, debes saber que no eres la única.
- Sin importar cuáles sean tus circunstancias hoy, siempre puedes comenzar el camino hacia el empoderamiento financiero.
- Recuerda dar un paso a la vez. Cuando invierten, las mujeres tienden a tener más éxito, no porque tengan las respuestas correctas sino porque están dispuestas a hacer las preguntas que realmente importan.

Primeros pasos

1. Dedica 10 minutos a escribir sobre cómo te sientes acerca de tu relación con el dinero. Mañana, dedica 10 minutos a escribirte una carta a ti misma en el futuro, felicitándote por tu nueva relación empoderada con el dinero. ¿Cómo se siente?

2. ¿Estás lista para comprometerte a pasar 10 minutos cada día para empoderar tu futuro financiero? Si es así, establece un recordatorio en tu teléfono y no permitas que nada se interponga en esa cita con tu dinero.

TUS NOTAS

CAPÍTULO 2

Empodera tu valor

ANTES DE AHONDAR EN POR QUÉ Y CÓMO DEBEMOS empoderar el valor de las mujeres, me gusta compartir con mis clientas una pequeña lección de historia. Las mujeres en los Estados Unidos hemos recorrido un largo camino para llegar a donde estamos, y deberíamos estar muy orgullosas de estos logros. (¿Qué tiene que ver esto con tu dinero? Lo veremos pronto).

Los libros de historia describen dos grandes olas masivas de feminismo en este país, la primera a partir del siglo XIX y la segunda en la década de 1960. Pero mucho antes, cuando nuestros padres fundadores se reunieron para redactar la Declaración de Independencia y separar a los Estados Unidos de Gran Bretaña en 1776, Abigail Adams escribió a su esposo John Adams lo siguiente:

> «Anhelo escuchar que has declarado la independencia. Y, por cierto, en el nuevo Código de leyes que supongo que será necesario hacer, deseo que te acuerdes de las mujeres y seas más generoso y favorable para ellas que tus antepasados. No pongas un poder ilimitado en manos de los esposos. Recuerda que todos los hombres serían tiranos si pudieran. Si no se presta especial atención a las mujeres, estamos decididas a promover una rebelión, y no acataremos ninguna ley en la que no tengamos voz o representación».

Abigail Adams fue una mujer inteligente y poderosa, la primera (y única, hasta Barbara Bush) en ser la esposa de un presidente y, más tarde, la madre de un presidente (John Quincy Adams). Sin embargo, pasaría mucho tiempo entre el momento de su súplica a su esposo y el 1920, año en que el movimiento sufragista que comenzó en el siglo XIX finalmente consiguió el derecho al voto para las mujeres.

Durante la Segunda Guerra Mundial, grandes cantidades de mujeres salieron de sus hogares y se fueron a trabajar por su país, ocupando los trabajos que los hombres dejaron mientras luchaban por la libertad y la democracia. Por supuesto, las mujeres pobres siempre han trabajado, a menudo fuera de sus hogares, pero èsta fue la primera vez en la historia moderna que las mujeres de clase media y alta también se convirtieron en una parte importante de la fuerza laboral industrial. Sin embargo, cuando los hombres regresaron, la mayoría de las mujeres volvieron a sus roles convencionales en el hogar, y no fue sino hasta la década de 1960 que ser «ama de casa» dejó de ser de nuevo la única opción profesional respetable para las mujeres casadas.

A medida que las mujeres ingresaban a la fuerza laboral en mayor número en la década de 1960, se hizo dolorosamente evidente que se necesitaba una mayor igualdad. La segunda gran ola de feminismo condujo a la Ley de Igualdad Salarial, promulgada por el presidente John F. Kennedy en 1963, que declaró ilegal que se pagara menos en función de la raza o el género (¡Ja!). En 1964, se introdujo la Ley de Derechos Civiles, que otorga protección contra la discriminación de todo tipo.

En 1965, y esto siempre me impacta, no importa cuántas veces lo escuche, la Corte Suprema dictaminó que se debía permitir a las mujeres el uso de anticonceptivos. Hasta ese momento, las mujeres no tenían control sobre sus cuerpos, ni siquiera para decidir tomar o no «la píldora», que se creó en 1960. Las

Enmiendas de Educación de 1972 declararon ilegal que las instituciones educativas discriminaran basadas en el género, lo que significa que las universidades ya no podrían descartar a mujeres calificadas que solicitaran entrar a sus programas. En 1978, se introdujo la Ley contra la Discriminación por Embarazo. Hasta entonces, era legal que los empleadores despidieran a las mujeres en el momento en que èstas revelaban que estaban embarazadas y se negaran a volver a contratarlas después de que nacieran sus bebés.

Las mujeres hemos hecho algunos avances profesionales y en el gobierno. En 1981, Sandra Day O'Connor se convirtió en la primera juez femenina de la Corte Suprema; Nancy Pelosi alcanzó el cargo político más alto para una mujer en la historia de los Estados Unidos cuando se convirtió en la primera portavoz de la Cámara de Representantes en 2007. Sin embargo, todavía vamos a paso de tortuga: no fue sino hasta 2016 que Hillary Clinton se convirtió en la primera mujer candidata presidencial nominada por uno de los dos partidos principales.

Las elecciones legislativas de 2018 trajeron consigo una refrescante ola de progreso, cuando un número récord de mujeres fueron elegidas o reelegidas tanto para la Cámara de Representantes, 127 en total, como para el Senado, con un total de 25. En el camino, las mujeres hemos luchado y ganado el derecho de propiedad, el derecho a tener una cuenta bancaria a nuestro nombre y el derecho a tener una tarjeta de crédito o solicitar un préstamo de automóvil sin requerir la firma de nuestros esposos. Entonces, hemos recorrido un largo camino, y deberíamos sentirnos bien con eso. Todos los derechos los ganamos, no nos los cedieron. Pero evidentemente no es suficiente. Necesitamos ir mucho más lejos. En 1963, cuando grandes cantidades de mujeres comenzaban a ingresar a la fuerza laboral, se les pagaba 59 centavos por cada dólar que los hombres ganaban en trabajos equivalentes. Para el 2010, esta situación había mejorado: estábamos en 77 centavos, y en el 2018, en 80 centavos por dólar. Sí, 80 centavos es mejor que 59 centavos. Pero eso sigue siendo un 20 por ciento menos basado únicamente en el género. En caso de que te preguntes si esa inequidad podría atribuirse a algo más que al género, algo así como a tener menos mujeres calificadas que hombres dentro de la fuerza laboral, por ejemplo, una encuesta de Merrill Lynch del 2018, *Women & Financial Wellness: Beyond the Bottom Line* (Mujeres y bienestar financiero: más allá del balance final), descubrió que las mujeres se gradúan de universidades y escuelas de posgrado en mayor número que los hombres y son las poseedoras del 57 por ciento de los títulos.

Cuando analizamos la riqueza en su conjunto, las mujeres controlarán 22 billones de dólares en este país para el 2020. Las compañías financieras han tomado nota del hecho de que las mujeres son una fuerza con la que se debe contar. Además, las mujeres son responsables del 83 por ciento del gasto de los consumidores estadounidenses. Estamos decidiendo qué se está comprando. Cuando los especialistas en *marketing* diseñan campañas, hacen *marketing* para las mujeres, que son quienes toman las decisiones.

ESCRIBE UNA NUEVA HISTORIA DE DINERO

Ahora, volvamos a ti y a tu dinero. Los científicos y psicólogos del comportamiento han descubierto que nuestras relaciones con el dinero, el valor y la riqueza son en gran parte producto de las lecciones que aprendemos en la infancia, a menudo inculcadas inadvertidamente por nuestros familiares y la sociedad, y frecuentemente absorbidas inconscientemente por nosotras. Las tradiciones y conceptos familiares se transmiten de generación en generación. Los efectos de estos mensajes sobre el dinero también suelen ser inconscientes, pero impactan nuestras decisiones y comportamiento en un grado extremo. Estos mensajes determinan nuestra relación con el dinero. Nuestra relación con el dinero (y la riqueza) afecta nuestra autoestima, nuestro valor neto y nuestra carga de deuda. Esto a su vez afecta profundamente nuestra calidad de vida y capacidad de vivir a nuestro máximo potencial.

Según el prestigioso psicólogo financiero Dr. Brad Klontz, hay cuatro guiones o personalidades principales relacionadas con el dinero. Estos guiones se alinean con las relaciones monetarias que he presenciado en mi práctica de asesoría, por lo que los he incluido aquí. Conforme leas las descripciones, es posible que quieras pensar cuál de estos guiones se acerca más a tu forma de pensar sobre el dinero. Recuerda, sin embargo, que nuestra relación con el dinero nunca es simple o directa. Todas las personas con las que he trabajado tienen muchas ideas contradictorias sobre el dinero y el valor, por lo que es poco probable que una de estas descripciones se ajuste exactamente a tus propios sentimientos. Al mismo tiempo, supongo que encontrarás una o dos ideas que resonarán más fuerte en ti.

Evasión de dinero («Money Avoidance»)

Esta es la persona que no quiere aceptar o reconocer el dinero. A menudo, las personas que evaden el dinero son muy educadas y ricas. Tienen dinero, pero los mensajes que han recibido a lo largo de sus vidas los han convencido de que el dinero es malo o que no merecen tenerlo. Estas son las personas que vemos saboteándose a sí mismas con malas decisiones; a menudo regalan la mayor parte de sus activos. No se sienten merecedores del dinero que han ganado o heredado.

Para los asesores, una señal reveladora de la persona que evade el dinero es que no abre sus estados financieros. Ni siquiera quiere saber què se encuentra allí, mucho menos qué está pasando con ese dinero.

Hace años, se publicó un influyente libro llamado *El millonario de al lado,* de Thomas J. Stanley y William D. Danko, que describía al típico millonario estadounidense que vive en una casa común en los suburbios y conduce un automóvil económico de 10 años de antigüedad. Esta es gente que ha logrado ahorrar una gran cantidad de dinero, pero que no vive lo que la mayoría de la gente pensaría es un estilo de vida de millonario.

Creo que esa descripción corresponde exactamente a esta personalidad particular sobre el dinero.

Idolatría al dinero («Money Worship»)

El que idolatra el dinero es lo contrario. Él o ella tiende a tener un valor neto bajo y, sin embargo, ha llegado a creer que el dinero compra la felicidad y resolverá todos los problemas. Estas personas tienden a tener grandes deudas porque asocian el dinero con lo que pueden comprar en lugar de relacionarlo con ahorros o acumulación de riqueza. Gastar dinero los hace sentir más felices y aceptados, al menos inicialmente. Creo que todos conocemos a alguien a quien le gusta gastar todo su salario. Una de mis clientas una vez me dijo que tenía una gran relación con el «vendedor de zapatos» de *Neiman Marcus*. Pero no fue realmente la relación o incluso la atención que recibió del vendedor lo que la hizo feliz. Comprar el último par de tacones *Jimmy Choo* la hizo sentir especial y valiosa.

Dinero como estatus social («Money Status»)

Las personas con este guion confunden su autoestima con su valor neto. Tienden a ser las personas que muestran su riqueza, personas que podrían describirse como ostentosas. Escuché una gran frase en *The Real Housewives of New York City*: «El dinero grita y la riqueza susurra». Las personas en esta categoría quieren que su dinero grite. Son los que van vestidos de *Gucci* de la cabeza a los pies, con el monograma de la marca muy visible en cada pieza. Quieren que los demás sepan que tienen dinero porque creen que solo los estimarán y respetarán si se les considera ricos. Lamentablemente, eso generalmente se debe a que solo pueden estimarse y respetarse a sí mismos si tienen mucho dinero.

No sorprende el hecho de que las personas con esta personalidad monetaria tienden a gastar de más. A menudo tienen grandes deudas de tarjeta de crédito porque siempre están comprando un artículo más para demostrar su valor.

Vigilancia del dinero («Money Vigilance»)

Estas son personas que tienden a preocuparse por el dinero. Piensan que dinero equivale al trabajo duro y probablemente no usen tarjetas de crédito. Como son buenos ahorradores, tienden a tener un valor neto superior al promedio. (Las personas con este guion también se ajustan a la descripción de «millonario de al lado» que mencioné anteriormente). Al mismo tiempo, disfrutan la vida mucho menos de lo que podrían: tienen el dinero para salir a cenar, tomarse unas vacaciones memorables o ayudar a sus hijos, pero generalmente no lo hacen. Cuentan cada centavo. No importa cuánto tengan, siempre temen no tener lo suficiente.

Guardan dinero para el día de las vacas flacas, pero lo llevan a un grado extremo; han trabajado duro para obtener su riqueza y luego nunca tocarla. Es poco probable que inviertan en activos de mayor rendimiento, como acciones, porque les aterroriza la idea de una recesión.

Ahora bien, ¿cómo se aplican estos guiones a las mujeres en particular? Bueno, permíteme preguntarte esto: ¿cómo te sentirías con respecto al dinero si generaciones de personas como tú recibieran un salario bajo por su trabajo y les dijeran de miles de maneras diferentes que no merecen ser ricos o que no son capaces de administrar la riqueza si la tuvieran? Si ganaras 80 centavos por dólar en comparación con tu cónyuge,

¿qué posibilidades tendrías de desempeñar un papel activo en la administración del dinero de tu familia?

Sí, allí es exactamente donde estamos ahora, y sí, es poco probable que tengas una relación verdaderamente saludable con el dinero en estas circunstancias. A menos que tengas un título importante y, a veces, ni siquiera así, probablemente no confíes mucho en tu capacidad para administrar tu valor neto, y esa falta de confianza también socavará tu autoestima.

Sin embargo, es posible revertir estos guiones, y es hora de que lo hagamos. Al tomar conciencia de lo que nos han enseñado y de lo que queremos que sea una realidad para nosotras hoy, podemos empoderarnos a nosotras mismas y potenciar nuestro valor.

Como mencioné anteriormente, las empresas de servicios financieros ahora están muy interesadas en las mujeres y en descubrir cuál es la mejor manera de atraerlas y prestarles un servicio. Es esa oportunidad sin explotar de 22 billones de dólares. Por citar solo algunas que se me vienen a la mente, *Merrill Lynch*, *Fidelity*, *Morgan Stanley* y UBS han realizado encuestas a gran escala sobre el tema, consultando a sus bases de clientes en un esfuerzo por comprender mejor lo que las mujeres quieren y necesitan. Preguntaron por qué las mujeres se involucran en su propia planificación financiera, o por qué no lo hacen.

Incluso, a la luz de todo lo que acabo de hablar, los resultados me impactaron. Ten en cuenta que las personas que conforman la base de clientes de estas empresas tienden a ser un poco mayores: es más probable que las personas busquen servicios de gestión de patrimonio cuando ya han pasado los años más costosos de la crianza de los hijos. Pero analicemos las estadísticas. Entre las mujeres divorciadas, el 59 por ciento dijo que desearía haberse involucrado en la toma de decisiones financieras a largo plazo de su familia. Sin embargo, entre las mujeres que aún están casadas, el 56 por ciento delegó sus decisiones de planificación financiera e inversión a sus esposos, y el 80 por ciento de ellas dijeron estar satisfechas con esta división de roles.

Considera que cuando hablamos de mujeres que no participan activamente en sus finanzas, solo hablamos de la planificación financiera del más alto nivel y largo plazo. Las mujeres están muy involucradas en el presupuesto diario de sus familias. Sin embargo, cuando UBS encuestó a sus clientes sobre la toma de decisiones financieras, el 71 por ciento de las mujeres todavía creían que sus esposos deberían proporcionarles una sensación de seguridad financiera. Y el 87 por ciento de los hombres sintieron lo mismo.

A pesar de cuánto se ha progresado en los derechos de las mujeres a «la vida, la libertad y la búsqueda de la felicidad», tanto las mujeres como los hombres esperan que los hombres asuman el papel principal en lo que respecta a nuestro futuro. Y hasta que eso no cambie, las mujeres nunca disfrutarán de la libertad que la Declaración de Independencia otorgó a los hombres.

Puede que la riqueza susurre, pero, aparte del amor, es posiblemente la fuerza más poderosa del mundo.

¿De qué sirve tener una herramienta poderosa si no la tomamos o aprendemos a usarla?

Como asesora financiera, he visto una y otra vez que afirmar nuestro valor, autoestima y valor neto, nos da a las mujeres un sentido de nuestro propio poder. Nos da una sensación de seguridad y de independencia. Sin importar si eres casada o soltera, aceptar gustosamente y empoderar tu valor cambiará tu vida. Y no solo tu vida: como las sufragistas de hace más de un siglo, podemos decidir allanar el camino para nuestras hijas y las generaciones futuras de mujeres.

IDEAS VALIOSAS
que te deja el Capítulo 2

- Recuerda que hemos «recorrido un largo camino, cariño», como decía el anuncio publicitario. Sí, todavía hay cosas por hacer para lograr la verdadera igualdad de género, pero hemos avanzado mucho y vale la pena celebrarlo. Si hemos llegado hasta aquí, podemos ir más allá.
- Las mujeres son un poderoso segmento de mercado y *Wall Street* ha notado la gran oportunidad que representa la inversionista femenina. Cuando se trata de servicios financieros, pide lo que quieres.
- Todos tenemos guiones sobre el dinero arraigados que afectan la forma en que interactuamos con nuestra riqueza y finanzas. Esta relación con el dinero comienza a una edad muy temprana.

Primeros pasos

1. Tras una reflexión introspectiva sobre tu persona y el dinero, responde: ¿Cuál es tu guion sobre el dinero?
2. Si tus hijas u otras mujeres jóvenes en tu vida te vieran como un modelo en torno a las finanzas personales, ¿qué te gustaría que vieran?
3. Si las finanzas personales o la inversión te intimidan, ¿qué es lo que más te gustaría tener a mano? ¿Qué medida puedes tomar hoy para suplir esa carencia? (¿Hacer una cita con un asesor? ¿Buscar información en Internet? ¿Comprar un libro?)

TUS NOTAS

....

....

....

....

....

....

....

....

....

....

....

....

....

CAPÍTULO 3

El valor y la mujer soltera

SOY UNA GRAN FANÁTICA DE SEX AND THE CITY, Y me quedo corta con esa afirmación. Vi cada episodio cuando lo pasaban en la televisión, y luego compré el set de DVD y volví a ver cada temporada. Todavía lo veo de nuevo cuando lo repiten. Todas las fanáticas del programa amábamos a Carrie y su estilo, su pasión por los zapatos y la ropa *vintage*, y su increíble apartamento. Ella tenía la vida nocturna en toda su variedad. Era simplemente «Nueva York y la chica soltera».

Si considerabas el tema del dinero, y especialmente si tenías alguna idea de lo que usualmente ganan los escritores, la ropa de diseñador de Carrie y su apartamento en el *Upper East Side* eran elementos suficientes para cuestionar la credibilidad del programa. Pero según los guionistas de *Sex and the City*, todo se reducía a tres palabras: control de alquileres, hasta el episodio 16 de la cuarta temporada, cuando nos enteramos de que una corporación iba a comprar el edificio de Carrie.

Es entonces cuando ella tiene una revelación aleccionadora: su adicción a los zapatos la ha dejado vulnerable, porque no puede permitirse comprar el lugar que ama. (Miranda calcula que los zapatos de Carrie valen alrededor de 40 000 dólares, pero los zapatos usados no tienen mucho valor de reventa). Eventualmente, la amistad prevalece y Charlotte le regala su anillo de compromiso a Carrie para que dé la cuota inicial. El regalo de Charlotte, los artículos independientes que Carrie comienza a escribir para *Vogue* y un nuevo presupuesto más realista ayudan a Carrie a quedarse en su casa.

Esa es la diferencia entre la televisión y la realidad. En la televisión, hay una amiga con un enorme diamante que está dispuesta a regalártelo cuando lo necesites. En la realidad, debes cuidar de ti misma o eventualmente terminarás en la calle.

Sí, Carrie Bradshaw es un personaje ficticio, pero creo que ese episodio en particular hizo eco en muchas mujeres porque su enfoque para administrar el dinero (o la falta de él, en realidad) está lejos de ser poco común. He tenido la oportunidad de trabajar con mujeres de todo tipo, incluidas muchas mujeres solteras, mujeres solteras que son empresarias, que tienen empleos de tiempo completo, que son divorciadas o viudas, por mencionar algunas.

A menudo me encuentro con estas clientas por primera vez cuando están en medio de un momento como el de Carrie con su apartamento. Hasta entonces, no habían pensado mucho en la planificación a largo plazo. A veces son jóvenes y se han enfocado por completo en sus carreras. Si están trabajando y ahorrando, probablemente hayan puesto su dinero en un plan 401(k) estándar y no hayan pensado mucho en qué productos están invirtiendo. Simplemente no están pensando a largo plazo. ¿Qué podría salir mal, verdad?

Siempre les cuento la historia de una mujer llamada Susie. Ella era amiga de una amiga y conoció a un chico maravilloso en la universidad. Se mudaron a un nuevo estado y encontraron un sitio para vivir juntos. Al principio, ambos trabajaban, pero luego él quiso montar su propia empresa y renunció a su trabajo. Ella fue solidaria y gustosamente pagó los gastos, porque le iba muy bien en su carrera. Pero la empresa nueva fracasó.

Entonces, él decidió montar otro negocio y también fracasó. Y luego montó otro negocio. Y fracasó.

En algún punto, sin pensarlo, hablarlo o decidirlo mucho, Susie se convirtió en el único sostén familiar. Estaba apoyando a su novio. La situación también afectó sus ahorros porque lo ayudó con los costos iniciales de cada una de sus empresas.

Un día, Susie se despertó pensando: «Esto realmente no está funcionando para mí. No sé si quiero seguir en esta relación».

El joven ambicioso que había conocido en la universidad había desaparecido. Habían pasado diez años. Fue entonces cuando Susie comenzó a pensar en lo que significaba vivir en un estado en el que las leyes de sociedad conyugal se aplicaban a las parejas de hecho. Después de una cierta cantidad de tiempo compartiendo una casa y viviendo en pareja, se considera que estás casado («según el derecho consuetudinario»). Eso le preocupaba mucho. Ella había pagado todo y lo había apoyado durante casi una década, y ahora la mitad de todo lo que había ganado y la mitad de todos los activos que había acumulado durante esos 10 años le pertenecían a él por ley. Incluso se preguntó si él tendría derecho a la manutención conyugal.

Si hubiera podido hablar con Susie antes de que ocurriera todo esto, le habría dicho lo que le digo a todas mis clientas solteras: si vas a vivir con alguien, firma un acuerdo de convivencia. Asegúrate de poner tus puntos sobre las íes en caso de que no funcione. Un acuerdo de convivencia cumple exactamente las mismas funciones que un acuerdo prenupcial. Simplemente ponte en contacto con un abogado especializado en derecho familiar. Es un proceso fácil y simple. Y si te vas a vivir con alguien, a quien no le gusta la idea de firmar un acuerdo, no te mudes con esa persona. No es una buena señal.

Otra joven soltera que realmente quise mucho me recordó el hecho de que las finanzas personales rara vez se enseñan en la escuela. La llamaré Samantha. En nuestras reuniones, hizo preguntas sobre cómo solicitar una tarjeta de crédito, qué tipo de tarjeta elegir y qué hacer con ella después de tenerla. Hizo muchas preguntas sobre cómo usar su cuenta bancaria.

Samantha me enseñó que, como dice el viejo adagio, la única pregunta incorrecta es la que no se hace. No permitas que el hecho de que la escuela no tenga dentro de su currículo asignaturas que te enseñen a manejar el dinero de forma práctica te impida vivir tu mejor vida: pregunta. Si la persona a la que le preguntas te mira con aires de superioridad, eso es su problema. Significa que debe mejorar sus habilidades profesionales y sociales, no que tú ignores algo que el resto del mundo conoce. Eso lo puedo afirmar con seguridad.

CUIDA TU FUTURO

Si estás soltera, también debes pensar en quién se haría cargo si algo malo te sucede. Si estás casada, tu esposo probablemente será la persona que se ocupará de las cosas en caso de que te lesiones, te enfermes de gravedad o algo peor. Pero, ¿quién se encargará de estas cosas si estás sola? Si te incapacitan, necesitarás que alguien llene los formularios de seguro de salud y seguro de discapacidad. También necesitarás designar a alguien para que tome las decisiones médicas por ti si no estás en capacidad de tomarlas, y alguien que tenga un poder notarial para tomar decisiones financieras y cuidar tus cuentas.

De nuevo, esto realmente no es difícil de hacer. *LegalZoom* y *Rocket Lawyer* ofrecen plantillas de poderes notariales.

Las preguntas de Samantha fueron muy buenas. Hablamos sobre las cuentas individuales de jubilación (IRA, por sus siglas en inglés) y los planes 401(k), qué quería hacer, qué ofrecía la compañía para la que trabajaba en términos de ahorro y planificación para la jubilación. La insté, como hago con todas mis clientas, a pagarse a ella misma primero.

Si la empresa donde trabajas ofrece un plan 401(k) o algún otro tipo de planificación de jubilación, aprovéchalo. Si no es así, busca otra forma de ahorrar y configura los débitos automáticos para que el dinero salga de tu cuenta cada vez que te paguen. Como descubrió Carrie, no necesitas un plan financiero hasta que lo necesitas, pero nunca se sabe cuándo llegará ese momento. Y después puede ser demasiado tarde. Cuanto antes establezcas buenos hábitos, más probable es que continúes con buenos hábitos más adelante en la vida: un círculo virtuoso.

Defiende siempre tus derechos. Si vives con compañeros de apartamento o con tu pareja, deja las cosas claras. Incluso si planeas mudarte con tu mejor amiga de la universidad, habla con ella sobre los detalles del dinero antes de comprometerte. ¿Quién va a pagar cada cosa? ¿Quién es responsable de qué?

Las relaciones con compañeros de apartamento pueden tener un impacto en tu futuro, ya que la primera organización que te dará una cuenta de crédito es a menudo una empresa de servicios públicos. Si tu compañera de apartamento no paga su parte y tú quedas atrapada con una factura grande que no puedes pagar sola, tu calificación crediticia podría verse afectada.

Otra clienta vino a verme porque tenía una gran oportunidad para hacer crecer su empresa, pero no se había pagado a ella misma primero, por lo que no tenía ahorros. No tenía idea de cómo obtener los fondos para llevar su empresa al siguiente nivel. He descubierto que eso sucede mucho más a menudo con las mujeres empresarias; no sacan dinero de sus negocios. Deberías pagarte a ti misma, de la misma manera que les pagas a otros empleados, incluso aunque sea un salario mínimo. Necesitas dinero, en primer lugar, para pagar tus deudas y facturas, pero también para ahorrar. Debes tener dinero guardado en caso de que se presente una oportunidad o tengas una emergencia de algún tipo.

Cuando esta clienta acudió a nosotros, nos quedó claro que, si bien había creado una empresa fantástica, no comprendía bien sus finanzas. Eso aplicaba por igual en su negocio y en su vida personal. Era obvio que eventualmente vendería su negocio por mucho dinero, pero para dar los siguientes pasos, necesitaba tener una comprensión mucho más matizada de las fuentes de ingresos y los márgenes de ganancias de su empresa. De lo contrario, no podría solicitar un préstamo bancario garantizado con las cuentas por cobrar ni pedirle a un capitalista de riesgo el capital inicial.

Si estás comenzando una empresa, mantenerte al tanto de tus finanzas es crucial.

Entonces... volvamos a Carrie Bradshaw. Después de pasar unas horas muy incómodas sacando cuentas, comprendió que era necesario desarrollar una relación más armoniosa entre su estilo de vida y sus ingresos. (Se refirió a su compulsión por comprar zapatos como su «problema de adicción», comenzó a escribir para *Vogue* como profesional independiente además de su columna habitual y, en la quinta temporada, recibió una oferta lucrativa para escribir un libro. En la televisión y en la vida, es increíble lo que sucede cuando tienes claros tus objetivos).

Creo que esa es la lección más importante que Carrie nos enseñó: sin importar dónde te encuentres y cuál sea tu situación financiera, siempre puedes aprender y cambiarla. El personaje de Carrie evolucionó. De hecho, cuando ella y *Mr. Big* se iban a casar, insistió en ser dueña de una parte del apartamento de ambos antes de renunciar al suyo. Y fue algo muy bueno porque cuando no funcionó la relación, no se quedó en la calle.

Ella defendió sus derechos, como todas las mujeres debemos hacer.

LA TRANSICIÓN DE UNO A DOS

Tu corazón es tu corazón, y sé que harás lo que te dicte. La familia moderna se presenta en diversas formas hoy en día, y cada vez más parejas viven juntas y tienen hijos sin casarse. Muchas parejas que eventualmente se casan comienzan a vivir juntas antes de dar ese paso. Incluso hay parejas que se casan y no viven juntas.

Sin importar cómo sea tu relación, te insto a que te preguntes cómo puedes seguir lo que te dicta tu corazón de una manera que te proteja financieramente.

No seas como Susie. Piensa en el peor de los escenarios antes de que suceda. Pregúntate si puedes aceptar esa eventualidad. A veces es difícil pensar en el peor de los escenarios cuando estás enamorada y parece que todos tus sueños se están haciendo realidad. Pedirle a alguien que amas que firme un acuerdo de convivencia o prenupcial puede parecer una señal de negatividad y desconfianza demasiado evidente. Pero cuando lo piensas bien, resulta obvio que dos personas que se aman y son sensatas querrán lo mejor la una para la otra, incluso si sucede lo peor y las cosas no funcionan. Míralo desde la perspectiva de las probabilidades: «Estamos decididos a resolver las cosas, pero las estadísticas dicen que alrededor del 50 por ciento de las parejas no lo logran. Quiero que ambos estemos bien y que seamos claros sobre lo que sucederá en el aspecto financiero, incluso si terminamos en el lado negativo de esas estadísticas».

TU PAGO

Finalmente, si trabajas para otra persona, debes conocer a profundidad los detalles de tu estructura salarial. Si recibes comisiones o bonificaciones, ¿en qué se basan?, ¿cuándo las pagan?, ¿cómo afectarán tu situación fiscal?, ¿hay alguna manera de depositarlas directamente en tu plan 401(k)?, ¿qué beneficios de jubilación y salud ofrece tu empleador? (Esto es muy importante. Nunca tomes una decisión laboral basada únicamente en el salario, porque tus planes de beneficios pueden tener un gran impacto en el dinero que te queda en el bolsillo después de los gastos de atención médica y los ahorros para la jubilación).

Cuando llegue el momento, es decir, cuando tengas preguntas que solo un experto puede responder, conforma tu equipo. Asesórate. Busca un abogado, un contador y un planificador financiero. Si acabas de salir de la universidad o estás comenzando de nuevo y aún no estás en capacidad de ahorrar, mucho menos de contratar un planificador financiero, busca un mentor financiero. Puede ser un familiar, un profesor o un amigo: se trata simplemente de encontrar a alguien con más conocimientos que tú, que esté dispuesto a intercambiar ideas contigo.

Puedes evitar muchos errores costosos si tienes a un experto que te oriente.

IDEAS VALIOSAS
que te deja el Capítulo 3

- Como mujeres jóvenes, a menudo nos concentramos en nuestras carreras y vidas amorosas cuando en realidad necesitamos tener una visión holística de todas nuestras necesidades.
- Recuerda que cualquier cosa puede suceder en un instante. Necesitas un plan. Si estás incapacitada, necesitas a alguien que pueda intervenir y hacerse cargo de lo esencial. Los poderes notariales y los testamentos en vida son cruciales.

Primeros pasos

1. Otorga un poder notarial a alguien de tu confianza para que pueda tener acceso a tus cuentas bancarias y actuar en tu nombre si es necesario. (No otorgues un poder notarial a alguien en quien no confías o que no conoces bien, obviamente). No es necesario gastar una fortuna en honorarios legales; sitios web

como *Rocket Lawyer* y *LegalZoom* ofrecen plantillas de poderes notariales.

2. ¡¡¡ACUERDO PRENUPCIAL!!! Hazlo, aunque no tengas activos o lo consideres poco romántico. Imagina que tu ex te dejó y ahora está viviendo con otra persona. Ahora, imagina tener que darle la mitad de tu empresa y pagarle la manutención conyugal. Ahora, llama a un abogado.

TUS NOTAS

....

....

....

....

....

....

....

....

....

....

....

....

CAPÍTULO 4

«Bueno, esto no lo esperaba».

«HACEMOS PLANES Y DIOS SE RÍE».

Es un viejo dicho que nunca deja de tener vigencia. De niñas, leemos cuentos de hadas: la heroína conoce al príncipe azul, se enamora y vive feliz para siempre. No es realmente nuestra culpa que no consideremos lo inesperado, la sucesión de eventos que ocurre con demasiada frecuencia y que puede dejarnos «repentinamente solteras».

En todo el tiempo que llevo trabajando en finanzas, las mujeres que más me conmovieron fueron las que vinieron a mí al encontrarse en esta situación de vulnerabilidad. Ocurre de muchas maneras, siendo el divorcio y la muerte del esposo lo más común. Pero también había mujeres en pareja que, de un momento al otro, tuvieron que encargarse de todas las decisiones financieras de su familia porque su esposo había quedado incapacitado por una enfermedad o lesión.

Siempre es desgarrador verlo. Probablemente no haya un buen momento para tener que asumir de repente la responsabilidad de encargarte de un trabajo complejo para el que no estás preparada, pero el peor momento es definitivamente cuando te encuentras en medio de un profundo cambio de vida, lleno de dolor y estrés.

Las mujeres que conocí no se habían involucrado en la administración de sus finanzas previamente. Y debido a que nuestro mundo es como es, muchas de ellas se encontraban a merced de estafadores, buitres que buscaban sacar lo que pudieran de estas mujeres en situación de riesgo.

No es fácil. En la industria financiera, este período en la vida de una mujer también se conoce como «dinero repentino». Es un momento en el que muchas mujeres se ven obligadas a enfrentarse por primera vez con el valor neto de su familia. O la falta de él (que comúnmente se conoce como «pobreza repentina»).

A algunas les cae de repente una enorme montaña de activos, y debido a que confiaban todo lo relacionado con ese tema a sus esposos, no tienen a nadie para intercambiar ideas. No tienen un mentor o asesor financiero.

Les puede asustar la idea de que el asesor financiero de su esposo las juzgue por no tener conocimientos. Lamentablemente, es un momento tan susceptible que el profesional al que terminan acudiendo puede ser la persona equivocada.

Imploro a las mujeres que pasan por este tipo de transiciones que comiencen su empoderamiento personal educándose un poco ellas mismas. Elige un libro, cuanto más simple mejor, solo lo básico. (Consulta mi sección de recursos al final, allí encontrarás algunos títulos que recomiendo). Te ayudará a entender todo el alboroto con el que seguramente te toparás.

Como sabes, me gusta compartir datos estadísticos relevantes. En primer lugar, no es cierto que en este país el 50 por ciento de las parejas se divorcian. En la actualidad, el censo de los Estados Unidos muestra que entre el 42 y el 45 por ciento de las parejas casadas terminan en divorcio. ¿Por qué ha disminuido este número desde las décadas de los 80 y 90? En parte porque los *mileniales* no se están casando, sino que se van a vivir juntos y forman relaciones domésticas que se pueden romper sin necesidad de solicitar el divorcio.

Las estadísticas muestran que la gran mayoría de

las parejas que se casan tienden a permanecer juntas. Al menos durante un tiempo. Cuando los matrimonios terminan en divorcio, la duración promedio de la unión es de aproximadamente ocho años. Eso significa que, incluso si tu matrimonio fracasa, probablemente durará el tiempo suficiente para que las finanzas de ambos se combinen, incluidas las deudas y los activos. Por lo tanto, todo eso se tendrá que disolver, reexaminar y reevaluar si te divorcias.

Volviendo a los números: del 42 al 45 por ciento de los primeros matrimonios terminan en divorcio. Ocurre lo mismo en el 60 por ciento de los segundos matrimonios y en el 70 por ciento de los terceros. Las implicaciones financieras en el segundo y tercer matrimonio se vuelven aún más complejas porque en ese momento es posible que haya familias mezcladas y que estés manteniendo niños que no son tus hijos biológicos.

De vuelta al informe de UBS del 2018: ocho de cada 10 mujeres en algún momento serán las únicas responsables de todas las decisiones financieras. Este número incluye mujeres que nunca se casan y mujeres que se casan y son las únicas que toman las decisiones de sus familias porque sus esposos no están interesados o no son muy capaces, pero la mayoría de esas ocho de cada 10 mujeres llegará a esta situación cuando se divorcian o enviudan.

Ten en cuenta también que, y como Analista Financiera Certificada en Divorcios (CDFA, por sus siglas en inglés) puedo confirmar esto, uno de los fenómenos más recientes que estamos viendo es el «divorcio gris». Las parejas se divorcian mucho más tarde en la vida, a finales de sus cincuenta, sesenta e incluso setenta años. Las personas notan el hecho de que ahora vivimos más tiempo, consideran los muchos años que esperan vivir ya jubilados y reevalúan sus matrimonios. Los hijos finalmente se fueron de casa, lo que también ocurre mucho más tarde en la vida. Una o ambas partes descubren que no están contentos y deciden separarse porque tienen todavía 15, 20 o 30 años de vida por delante.

Debido a que las mujeres tienden a vivir más y a casarse con hombres mayores que ellas, son mucho más propensas que los hombres a quedar viudas y a una edad más temprana. La edad promedio en que las mujeres enviudan en los Estados Unidos es de 59.4 años.

En un país de aproximadamente 327 millones de habitantes, 13 millones de estadounidenses son viudos y 11 millones de ellos son mujeres. Y ese número no incluye a las mujeres que perdieron a sus esposos y luego se volvieron a casar.

Una de las cosas que creo que realmente debemos tener en cuenta es la esperanza de vida. Para los hombres, actualmente es 84 años; para las mujeres, es 86 años. La esperanza de vida de mis abuelos era 70 años. Ahora estamos hablando de vivir hasta los 80 años, y estadísticamente, sabemos que si alcanzas los 80, las posibilidades de vivir hasta los 100 aumentan significativamente.

BIEN, ¿Y AHORA QUÉ?

Todo esto significa que realmente necesitamos hacer una planificación financiera porque nuestros ahorros para la jubilación tendrán que durar mucho más.

Eso me lleva a otra estadística muy importante: la tasa de pobreza. La Administración del Seguro Social informa que la tasa de pobreza para las personas viudas es tres veces mayor entre las mujeres que entre los hombres. ¿Por qué? Primero, considera el hecho de que los costos al final de la vida útil pueden ser considerables; especialmente la atención médica que tu esposo podría requerir en sus últimos años, ya sea por una condición médica relacionada con la edad o una enfermedad como un cáncer que pueda atacar en cualquier momento. Además, las mujeres a menudo pasan largos períodos fuera de la fuerza laboral para criar a los hijos, por lo que no tienen el mismo nivel de acceso a cuentas de jubilación del empleador. Y, volviendo al Capítulo 2, nos pagan menos por lo que perdemos uno de cada cinco dólares por la desigualdad de género. En conjunto, nos enfrentamos a una estadística muy inquietante: las mujeres viudas tienen un riesgo tres veces mayor de ser pobres.

También trato de preparar a mis clientas para la situación en la que sus esposos o parejas queden incapacitados. Mi equipo ha tratado con situaciones en las que un esposo ha acudido a nosotros para plantearnos algo como: «Me han diagnosticado una enfermedad terminal. Me han dicho que tengo seis meses de vida; necesito que mi esposa reciba un curso intensivo en finanzas para que se sienta cómoda manejando todo».

Probablemente sea una de las cosas más difíciles de hacer porque por lo general la esposa se niega a pensar en dinero, y mucho menos quiere aceptarlo como una prioridad, cuando se enfrenta a la probabilidad de que su pareja no sobreviva a su enfermedad. En otras palabras, realmente no quieres estar en una situación que te obligue a pensar en cómo continuar sola en el peor momento de tu vida.

¿Cómo planificas la atención que deseas brindar? ¿Cómo es la atención al final de la vida para la persona que enfrenta la muerte? ¿Cómo terminarás de criar a tus hijos? ¿Con qué te mantendrás? ¿Cómo manejarás lo que está por venir?

En cualquiera de estas circunstancias, puedo asegurarte que cualquier profesional financiero competente te dará la bienvenida si entras a su oficina y le dices: «No sé cómo dar el siguiente paso».

LO QUE NO SABES PUEDE SER MUY PERJUDICIAL

Muchas de mis clientas tenían una historia similar: «En algún momento, mi esposo asumió la responsabilidad de las finanzas. Simplemente dividimos los roles y las responsabilidades de forma convencional lo que significa que él se encargaría de las decisiones a más largo plazo».

Los hombres en nuestras vidas caen en los roles de género igual que las mujeres: es la posición social predeterminada. Se hacen cargo de las finanzas, y puede ser muy pesado hacerlo solos. Pero no quieren sobrecargar a sus esposas, que pueden estar manejando las finanzas cotidianas de la familia, con la planificación a largo plazo. (Hablando de estereotipos de género terribles: a los varones todavía los crían con la idea de que pedir ayuda los hace «menos hombres»).

En demasiados casos, las mujeres descubren que las finanzas familiares que pensaban que estaban bien son, de hecho, un desastre. Ya es bastante malo pasar por un divorcio, y tener que admitir finalmente que tu matrimonio no va a funcionar. Pero, ¿qué sucede si luego descubres que lo que creías que era una base financieramente segura, una en la que no tenías que preocuparte por la educación de tus hijos o por el pago de tu casa, no es tal cosa? Muchas clientas han descubierto que no tenían tantos ahorros como creían;

que, mientras sus esposos habían ahorrado en un plan 401(k) en el trabajo, ellas no tenían ahorros para la jubilación porque se habían quedado en casa para cuidar a los niños.

Si te encuentras en esta situación, recuerda que, en un divorcio, una división mitad y mitad de los activos no es necesariamente equitativa. Lo que necesitas es un futuro en el que puedas vivir bien y que refleje tus contribuciones al matrimonio. No se trata de la cantidad de los activos, sino del tipo de activos. ¿Qué necesitas obtener de tu divorcio para costear ese futuro? ¿Qué tipo de activos te sirven? Si te encuentras en esta situación, es hora de planificar un poco. Obtén ayuda de alguien que tenga las credenciales profesionales adecuadas.

Muchas clientas viudas acuden a mi oficina por primera vez y dicen algo como: «Sabes, mi esposo era un buen proveedor. Se ocupaba de las cosas. Tenía seguro de vida y ahorros para la jubilación. Pero no sé qué voy a hacer, porque tengo 50 años y no puedo tocar esos ahorros. Tenemos un asesor financiero, pero lo vine a conocer en el funeral de mi esposo».

Por favor, no permitas que esto te suceda a ti. Es muy difícil asumir estas tareas y construir una relación con los asesores cuando estás de duelo. Particularmente en ese primer año después del divorcio o la viudez, no debes tomar decisiones difíciles como vender tu casa o volver a trabajar repentinamente después de años fuera de la fuerza laboral. Debes darte a ti misma el tiempo para pensar bien las cosas.

CUANDO SUCEDA LO PEOR, HAZ UNA PAUSA

Cada vez que me encuentro a gente en estas circunstancias, digo lo mismo: pensemos cómo superar los próximos seis meses, y luego lo trabajaremos de allí en adelante.

Este es un momento para tomar las cosas un día a la vez. Es tiempo de pensar.

Recuerda que no estás sola. Hay muchas mujeres en tu situación. Únete a grupos de apoyo o toma clases. Lee uno o dos libros de finanzas personales.

Encontrarás una comunidad y una hermandad de mujeres que están dispuestas a ayudarte. Se trata de hablarlo, de estar dispuesta a tener conversaciones abiertas sobre dinero.

Empecemos a tener esas conversaciones ahora.

IDEAS VALIOSAS
que te deja el Capítulo 4

- Es importante tomarte el tiempo para considerar qué harías si ocurriera lo inesperado.
- Recuerda que el 50 por ciento de todos los bienes matrimoniales son tuyos. Cuídalos.
- Cuando enfrentas tiempos de conflicto y agitación, eres vulnerable ante aquellos que quieren estafarte. Tómate tu tiempo y estabilízate antes de tomar decisiones a largo plazo.

Primeros pasos

1. Reserva en tu agenda una hora en algún momento del próximo mes para sentarte contigo misma y escribir cómo quieres que sea tu vida.
2. Una vez que hayas creado esa visión, piensa en lo que necesitas en el aspecto financiero para respaldarla.

TUS NOTAS

....

....

....

....

....

....

....

....

....

....

....

....

....

....

....

....

....

....

....

....

....

....

....

....

....

CAPÍTULO 5

La mitad de una pareja

UNA DE LAS COSAS QUE HE APRENDIDO AL TRABAJAR con otras mujeres es que cuando decimos «sí, acepto» a nuestras parejas, muchas veces pareciera que dijéramos «no puedo» a nuestras finanzas al mismo tiempo.

Cuando trabajo con parejas, me doy cuenta de que las mujeres tienden a conocer todos los detalles del gasto diario de la familia. Pueden decirte el monto exacto que gastan en alimentos y en las actividades extracurriculares de los niños. Esto coincide con estudios que se han realizado sobre el tema. Como mencioné en el Capítulo 2, *Fidelity Investments* realizó una encuesta que descubrió que el 82 por ciento de las mujeres casadas administraban las finanzas cotidianas del hogar; el 79 por ciento indicó que conciliaba la cuenta corriente y el 72 por ciento que administraba, cuadraba y creaba el presupuesto familiar.

Al mismo tiempo, solo el 37 por ciento de estas mujeres planeaba su jubilación, y solo el 28 por ciento tomaba decisiones de inversión financiera.

En otras palabras, existe una gran desconexión entre la participación de las mujeres en la planificación financiera a corto y largo plazo.

En el informe *Own Your Worth* de UBS que mencioné, uno de los hallazgos que más me sorprendió fue que el 56 por ciento de los padres que tenían hijas pensaban que los esposos de sus hijas manejarían las decisiones financieras a largo plazo, y estaban conformes con ese escenario.

Pero... es posible que esos padres fueran simplemente realistas. Cuando UBS preguntó a sus clientas sobre quién había tomado la mayoría de las decisiones financieras para su familia, el 56 por ciento dijo que habían sido sus esposos.

¿Por qué?

Porque la mayoría sentía que sus esposos tenían más conocimientos financieros, que esto era algo que ellos podían controlar mejor. Entra en juego su guión sobre el dinero: «Las mujeres no son buenas para las finanzas» «Las mujeres no son buenas para administrar dinero».

Se unen en una relación convencional, el matrimonio, y dividen los roles de manera convencional. Los esposos manejan las decisiones financieras a largo plazo, y las esposas se encargan del gasto diario y los hijos. No consideran quién está más capacitado para dirigir cada ámbito, o cuán mejor estarían si ambos decidieran desempeñar todos los roles. Todavía no hemos logrado liberarnos de los roles de género tradicionales, y esto se parece un poco a estar encarcelados en una habitación con la puerta abierta.

LA INFIDELIDAD FINANCIERA, TAN MALA COMO SUENA

Cuando se me acerca una clienta que se está divorciando, siempre deseo poder enviarla de regreso en el tiempo para poder hablar con ella cuando era más joven. Porque cuando esta mujer habla de que renunció al derecho de tomar decisiones financieras en su matrimonio, a menudo lo hace en el contexto de haber descubierto que ha sido víctima de lo que yo llamo una «infidelidad financiera».

Cuando hablo de infidelidad financiera me refiero a cuentas bancarias ocultas, grandes compras secretas y hombres que usan los activos matrimoniales para mantener a otras mujeres o comprarles costosos regalos. Supe de situaciones en las que el esposo tenía un bote secreto y otras en las que el esposo tenía una seria adicción a las apuestas que su esposa desconocía por completo.

Una vez un cliente me llamó y me dijo: «Tengo que pagarle a mi corredor de apuestas la suma de 100 000 dólares y ella [su esposa] no puede enterarse». Ahora, ellos tenían una cuenta conjunta. Como le dije al cliente, no tenemos forma de ocultarle la información si la esposa llama y pregunta: «¿Para qué fue esa transferencia de 100 000 dólares?».

Pero... ella nunca llamó. Su cuenta se redujo en 100 000 dólares y nunca supimos de ella.

Ramsey Solutions hizo una encuesta y descubrió que una de cada tres parejas que informan que discuten con su cónyuge sobre dinero admite que también oculta información financiera a su pareja. Esto me sorprende, porque la honestidad es uno de los valores centrales de cualquier matrimonio exitoso.

Otra de mis clientas se enteró, cuando ya era demasiado tarde, que todos los activos de su matrimonio habían sido utilizados como garantía para préstamos que ella no sabía que existían. No sabía que su esposo había tenido dificultades financieras en la empresa familiar. Había pedido préstamos poniendo como garantía su casa y su plan 401(k), sus únicos ahorros para la jubilación.

Ahora, cuando hablo de «su plan 401(k)», puedes pensar, bueno, eso es suyo, no tiene nada que ver con ella. Pero si eres una esposa que se ha mantenido fuera de la fuerza laboral para criar a tus hijos, el 50 por ciento de esos activos de jubilación son tuyos. En un divorcio, tienes derecho a ellos.

Imagínate pensando: «Bueno, esto es terrible. Pero tenemos un millón de dólares en el 401(k), así que no voy a quedar desamparada», solo para descubrir que realmente no queda nada después de pagar los préstamos.

Según mi experiencia, la infidelidad financiera es más perjudicial para un matrimonio y las personan que lo conforman, que la misma infidelidad sexual. Cuando un cónyuge tiene una aventura, la pareja puede hablarlo. Pueden hablar sobre la falta de intimidad u otros problemas que fueron posibles causas de la desconexión que ocurrió entre ellos.

En parte porque tiende a durar mucho tiempo, la infidelidad financiera erosiona los cimientos de un matrimonio de una manera de la que es casi imposible recuperarse. Y, sin embargo, es una trampa en la que se puede caer muy fácilmente.

Una pareja con la que trabajé me pidió consejo sobre cómo ahorrar para una casa. Nos sentamos con ellos y les explicamos el proceso de planificación financiera, incluida la creación de un presupuesto. Pero los números que nos dieron no tenían sentido.

Ambos eran profesionales, un médico y una contadora. No pude entender por qué no tenían dinero para ahorrar.

Finalmente me acerqué a cada uno por separado y les pregunté si había algo más que debía saber. Finalmente, ella se sinceró y nos dijo a nosotros y a su esposo que, aunque había sido honesta acerca de las deudas de préstamos estudiantiles en las que había incurrido para costear sus títulos de posgrado, le avergonzaba el hecho de que sus padres no hubiesen pagado ninguna parte de su educación y por eso se lo había ocultado a su pareja. Ella tenía préstamos estudiantiles que se remontaban a su primer año de universidad. Los estaba pagando lentamente, enviándole dinero a su madre. La madre enviaba los cheques, por lo que el esposo nunca los veía.

Cuando cada dólar importa, un pago secreto de 200 dólares mensuales cuenta. Ella estaba perjudicando sus posibilidades de comprar una casa. Al final, también terminó dañando su matrimonio. Él sintió que su esposa le había mentido y tenía razón.

LA TRANSPARENCIA GENERA CONFIANZA

Es por eso que insto a todos a hablar sinceramente sobre su situación financiera completa antes de casarse. Los asuntos de dinero se pueden resolver. Es mucho más difícil reparar la confianza rota.

Cuando trabajo con parejas que desean asesoría financiera antes de casarse, lo cual es una excelente idea, por cierto, hago que cada uno llene un formulario de declaración jurada financiera, de la misma manera que lo harían si estuviera en proceso de divorcio. Les pido que lo llenen tal como lo harían si fueran a presentarlo ante un juez. Hago una copia para cada uno de ellos.

Aunque planeen mantener sus cuentas separadas en el matrimonio, aunque ambos decidan firmar acuerdos prenupciales, eventualmente algunos activos serán de propiedad conjunta. Esa es la realidad de la vida. Cuanto más sinceros sean desde el principio, mejor será su matrimonio y su vida juntos. También les digo a las mujeres que es necesario involucrarse en todas las decisiones financieras importantes. No somos las versiones modernas de June y Ward Cleavers, y no podemos permitirnos actuar como ellos.

Nos hemos reunido con clientes masculinos y les hemos dicho: «Necesitamos que su esposa venga con usted porque como sus asesores financieros, tenemos una responsabilidad fiduciaria con ambas partes en una cuenta conjunta. Necesitamos ver a su esposa al menos una vez al año».

Ha sido desgarrador recibir respuestas como: «Me encantaría que viniera, pero cada vez que se lo menciono, dice que está demasiado ocupada. Simplemente no tiene tiempo».

Algunos hombres son muy sinceros en este punto y agregan algo como: «Créame, no soy un hombre de números. Preferiría no tener que hacer esto solo».

Tuve un cliente que era un contratista y constructor extremadamente exitoso. Tenía contadores y un excelente director financiero que lo ayudaban en su negocio. Pero en su vida personal, no quería manejar las finanzas, y tampoco su esposa. Fue un problema para ellos.

Finalmente, logramos que ella viniera y la hicimos sentir cómoda. Realmente les ayudó a ambos a sentir que iban por buen camino, y afianzó en él la seguridad que conlleva sentir que tu pareja y tú avanzan juntos en la vida.

Recuerda, el matrimonio es un equipo, y eso aplica especialmente cuando se trata de tus finanzas.

NO TIENE QUE HABER UNA BODA PARA QUE SEA UNA UNIÓN

Como mencioné, las estadísticas muestran que los *mileniales* prefieren la convivencia a un matrimonio tradicional, y es muy importante que las personas que forman estas relaciones también comiencen con el pie derecho.

Antes de que mis clientes se vayan a vivir con alguien, siempre les digo: «Sé como Sheldon» (de la serie de televisión *The Big Bang Theory*). Es un chiste recurrente el hecho de que él tiene un contrato con su compañero de apartamento, pero ¿sabes qué?: haz el contrato con tu compañero, especialmente si te mudas con alguien en un estado donde, después de un cierto período, se les considerará una pareja legalmente casada. Firmen un acuerdo de convivencia.

Sé perfectamente que no hay nada menos romántico en la vida que firmar un acuerdo prenupcial o de convivencia. Estás completamente enamorada, a punto de hacerlo oficial. Todo es maravilloso. Y existe la percepción de que, si le pides a tu futuro cónyuge un acuerdo prenupcial o de convivencia, lo estás tachando de interesado. Como mínimo, existe la percepción de que no confías mucho en que tu amor durará para siempre.

Siempre me reúno con ambas partes y les digo: «¿Quieren tener estas conversaciones ahora o en una situación en la que algo salió mal y se sienten incapaces de tolerar a la persona sentada al otro lado de la mesa?». Luego hablamos sobre las probabilidades y el hecho de que muy pocas personas se casan o se van a vivir juntas pensando: «Bueno, esto no funcionará».

Es mucho más fácil hacer lo correcto y tener las conversaciones difíciles cuando todo es color de rosa. Ahora bien, una vez vi el caso de una novia que finalmente firmó el acuerdo prenupcial en su vestido de novia después de negarse a hacerlo hasta ese momento. Considero, como dije en el Capítulo 3, que esto es una mala señal. Si tu pareja quiere casarse, pero no quiere firmar el acuerdo prenupcial que te aconsejaron solicitar por tu bien, debes hablarlo un poco más.

CAMBIO DE ROLES

Ocurre lo mismo para una mujer que está casada y se enfrenta a la oposición de su esposo cuando decide que quiere participar en las decisiones financieras a largo plazo. He tratado con muchas mujeres cuyos esposos no querían que ellas participaran en las reuniones. Si decides involucrarte y tu pareja se opone, o incluso te menosprecia, no lo tomes como un no. Es tu derecho y tu responsabilidad. A menudo escuchamos que los esposos se ofenden un poco.

«¿No confías en mí? ¿Hay un problema aquí? ¿Por qué te importa de repente después de no preocuparte por 10 años?»

Le puedes decir: «¿Sabes qué? Hace diez años, estábamos teniendo bebés [o cualquier otra cosa que estuvieran haciendo], y estaba abrumada. Pero no lo estoy ahora y quiero ayudarte con esta carga. ¿Y si te pasa algo?»

Puede tener sentido aprovechar un catalizador. Si tienes un padre o amigo enfermo, es un momento muy natural para repensar tu enfoque.

«¿Sabes qué? Hace poco vi a Mary, y Johnny tuvo un ataque al corazón. Mary no tiene idea de lo que está pasando con sus finanzas y está totalmente abrumada y frustrada. No quiero estar nunca en esa situación».

Habla siempre con amor y confianza. «No estoy criticando tu manera de hacer las cosas. No es que yo piense que no nos estás cuidando bien como familia. Solo quiero aprender más para poder ayudarte y sentirme más segura de mí misma y menos vulnerable si alguna vez te sucede algo».

Una vez que un cónyuge supera su actitud defensiva inicial, no hay forma de que él o ella no desee que te prepares más.

Otro fenómeno que hemos visto cada vez con mayor frecuencia es la esposa que es el principal sostén de la familia. Debido a la disparidad salarial y a tantos otros factores que vemos en los Estados Unidos, los hombres siguen siendo los principales proveedores en la mayoría de las familias estadounidenses. Pero las mujeres los están alcanzando lentamente, tanto que ahora no es inusual encontrar familias donde la esposa gana más que el esposo.

Otro dato impactante del informe *Own Your Worth* de UBS: de las mujeres que eran el principal sostén de sus familias, el 43 por ciento seguían otorgándoles a sus esposos el control de las decisiones financieras.

Durante un evento reciente de redes de contacto para profesionales especializados en divorcio (la sala estaba repleta de las últimas noticias sobre divorcios), me enteré de que tres mujeres emprendedoras que poseen negocios exitosos que yo había visitado en Miami estaban en pleno proceso de divorcio. Todas ellas eran el principal sostén de la familia, todas habían delegado en sus esposos la toma de decisiones financieras, y todas habían descubierto una infidelidad financiera.

Parecía haber una gran desconexión entre su inmensa capacidad y éxito como empresarias y su disposición a poner su futuro financiero personal por completo en manos de otra persona.

Me enteré de que estas mujeres habían estado muy ocupadas construyendo sus empresas y sentían que no tenían tiempo para las finanzas. Una vez que comenzaron a ganar más dinero que sus esposos, sintieron que pedirles a ellos que administraran el dinero era una forma de involucrarlos y de que no se sintieran inseguros. Era una forma de hacer que los hombres en sus vidas sintieran que aún los necesitaban, que todavía eran importantes. En cierto modo, estas poderosas mujeres todavía estaban dispuestas a interpretar el rol de «damisela en apuros», para que su príncipe azul las salvara.

Muchas de estas mujeres exitosas me han admitido que también cayeron en otros roles tradicionales. Por muchas ocupaciones que tuvieran, sus esposos no asumieron más del 50 por ciento de las responsabilidades de crianza. De hecho, sentían que todavía asumían aproximadamente el 75 por ciento de la crianza de los hijos, tal vez como otra forma de asegurarse de que sus hombres se sintieran como hombres.

He escuchado muchas, demasiadas historias sobre mujeres que ganaban mucho más que sus esposos y terminaron en situaciones financieras terribles, incluidas bancarrotas y siendo víctimas de varios tipos de infidelidad financiera. Estas mujeres no se daban abasto con tantas cosas, y no estaban tan conscientes de las cosas que estaban sucediendo como desearían haber estado.

Es por eso que, nuevamente, vuelvo y reitero: «Firma un acuerdo prenupcial».

Los acuerdos prenupciales no son solo para los ricos. Firma un acuerdo prenupcial, aunque apenas estés comenzando en la vida. Firma un acuerdo prenupcial, aunque lo único que ambos tengan sean unas sopas de fideos y el microondas donde las preparan. Firma un acuerdo prenupcial, porque la única constante en la vida es el cambio. Y porque otro de los fenómenos que estamos viendo en el sector financiero es que las mujeres están pagando manutención conyugal.

Si quieres ver a una mujer enojada, a una mujer realmente furiosa, busca a una mujer que tenga que darle un cheque mensual de manutención conyugal a su ex esposo. Y esto se puede evitar fácilmente con un acuerdo prenupcial.

Hay muchas mujeres dueñas de negocios exitosos que se convirtieron en emprendedoras cuando decidieron quedarse en casa y criar a sus hijos. Tener su propio negocio, aunque es un trabajo muy duro, les da la flexibilidad de estar con sus hijos y trabajar desde casa. Cuando estas empresas se vuelven exitosas, estas mujeres terminan convirtiéndose en el sostén principal del hogar.

Y cuando sus matrimonios terminan en divorcio, a ellas les toca hacer lo que a menudo les corresponde a los hombres, que es pagar la manutención conyugal.

DIVORCIO: «DARLE TUS BIENES A ALGUIEN QUE ODIAS».

Cuando trabajaba como CDFA, tuve una clienta que se sorprendió al encontrarse en esta situación. Después de revisar su declaración jurada financiera, le dije: «No sé si te das cuenta de esto, pero en este momento, ganas más que él».

Ella ya sabía que los activos en el matrimonio estaban disminuyendo debido a su infidelidad financiera.

«Cuando los tribunales analicen los ingresos de ambos, él probablemente obtendrá algún tipo de manutención conyugal, al menos para ayudarlo hasta que pueda comenzar a ganar más dinero», le dije. Ella me miró con total incredulidad y dijo: «Oh, no, él no lo hará. No hay forma de que él acepte eso. Siempre ha sido un machista. Su ego explotaría».

Bueno, dos meses después me llama desde la mediación. «Oh, Dios mío. Está pidiendo la manutención conyugal».

Ella estaba que lo mataba. Quería llamar a todos sus amigos en el club campestre y contarles que le estaba pagando manutención conyugal, y, ¿qué tipo de hombre era ese?

Bueno, así es como funciona. La manutención conyugal es algo que existe para ayudar al cónyuge que no tiene los activos o ingresos para mantenerse en el estilo de vida que disfrutaba dentro del matrimonio.

No creo que la manutención conyugal sea mala si la otra persona la necesita. El divorcio es un gran cambio de vida. Pero sí quiero que las mujeres con altos ingresos sepan que esto es lo que pueden enfrentar cuando las cosas no funcionan.

Nadie cuestiona la manutención conyugal cuando es una mujer quien la recibe. Cuando un hombre la recibe, adquiere una connotación completamente diferente. Pero los hombres también se están liberando, y no les importa lo que piensen los demás. Piden y reciben manutención conyugal.

Así que repito: acuerdo prenupcial, acuerdo prenupcial, acuerdo prenupcial.

TEN CUIDADO CON LO QUE FIRMAS

Recuerda siempre que las personas desesperadas hacen cosas desesperadas, cosas que serían inimaginables para ti en el momento en que prometen permanecer juntos en la enfermedad y en la salud, en las alegrías y en las penas.

Es por eso que siempre aconsejo a las mujeres que nunca firmen nada que no hayan leído completamente, incluso aunque provenga de sus esposos.

Mujeres que amaban a sus esposos a tal punto que les darían un riñón o darían sus vidas por ellos, mujeres que confiaban en sus esposos sin reserva alguna, han sido engañadas por ellos para hacerlas firmar. Ella está haciendo algo con los niños y él dice: «Necesito que firmes esto». Ella garabatea su firma y resulta ser un documento para sacar dinero de la cuenta de ahorros para la jubilación. O ella se da cuenta demasiado tarde de que firmó documentos para pedir un préstamo que desconocía; ahora la casa tiene una segunda hipoteca y corren el riesgo de perderla.

Finalmente, el documento más importante en tu año es tu declaración de impuestos. Hablaré de esto con más detalle en los próximos capítulos. Pero por ahora, solo ten en cuenta esto: nunca firmes tu declaración de impuestos sin leerla.

Si algo sale mal o se declara mal, al gobierno de los Estados Unidos no le importa si sabías lo que estabas firmando. Asumen que eres un adulto capaz, y que sabes lo que estás haciendo y eres responsable.

Lee tus declaraciones de impuestos.

IDEAS VALIOSAS
que te deja el Capítulo 5

- Si tu pareja o tú no son sinceros sobre sus gastos y finanzas, esto puede ser solo la punta del iceberg.
- Te digo una vez más con mucho sentimiento: ¡¡ACUERDO PRENUPCIAL!!

Primeros pasos

1. Antes de casarse o irse a vivir juntos, tengan una conversación sincera sobre sus finanzas y sus deudas. Consideren solicitar asesoría financiera.
2. Aunque no estés casada formalmente, consulta las leyes de propiedad conyugal del estado en el que vives. Los matrimonios de hecho pueden ser tan vinculantes como un matrimonio formal.
3. Lee siempre lo que firmas.
4. Para obtener un punto adicional: tómate una hora con una taza de café o una copa de vino para anotar tus 10 objetivos principales sobre el dinero y pídele a tu pareja que haga

lo mismo. Una semana después, comparen objetivos y creen estrategias sobre cómo pueden ayudarse mutuamente a alcanzar esos objetivos.

TUS NOTAS

....

....

....

....

....

....

....

....

....

....

....

....

CAPÍTULO 6

El empoderamiento comienza en el espejo

LO PRIMERO QUE DEBES HACER EN EL CAMINO HACIA el empoderamiento es reconocer que aún no te sientes cómoda con tus finanzas. Es posible que no comprendas bien de qué se trata la planificación financiera, pero estás haciendo una introspección para iniciar un cambio, ya que todo comienza con la persona que se refleja en tu espejo.

Como mencioné anteriormente, una de las primeras cosas que les pregunto a las nuevas clientas es si conocen sus cifras. A menudo, me miran con estupor, pero simplemente me refiero a que deben conocer su valor neto: los activos menos los pasivos.

¿Conoces tus activos? ¿Conoces su valor? ¿Cuál es el valor actual de tu casa? ¿Tienes alguna idea del valor de reventa de tus joyas y obras de arte? ¿Conoces el valor combinado de tu automóvil y algún vehículo recreativo? ¿Qué pasa con tu cartera de inversiones? ¿Cuál es tu plan de jubilación?

Estas son cosas que necesitamos saber. No se trata de cifras exactas, necesariamente. No les pido a las clientas que me digan cuál es el valor al cierre del mercado de ese día. Les digo: «Dame una cifra aproximada».

Lo mismo ocurre con lo que debes, tus pasivos. ¿Cuál es el saldo pendiente de tu hipoteca? ¿Sabes cuánto debes en los préstamos de automóviles? ¿Qué pasa con los préstamos estudiantiles? Nuevamente, estamos hablando de cifras aproximadas; de ninguna manera espero que alguien sepa exactamente lo que debe. Pero todos deberíamos tener una idea, especialmente cuando hablamos de las tarjetas de crédito. ¿Cuántas tarjetas de crédito tienes? ¿Cuáles son sus tasas de interés y plazos de pago?

Hagamos una breve pausa aquí. Me gustaría que pienses en lo cómodo que se sentiría conocer tu valor neto aproximado, activos menos pasivos, en cualquier momento determinado. Ahora piensa en cómo se siente no conocer ese número, en la inquietud que te invade, ya sea que sospeches que tu valor neto es negativo o que está en el orden de los miles de millones. La diferencia entre esas dos sensaciones es la diferencia entre tener poder y no tener poder cuando se trata de tus finanzas personales. El empoderamiento es otra palabra que se usa para describir la fuerza: fuerza para crear la mejor vida posible, para contribuir al mundo de la manera más significativa para ti y para cuidar a tu familia. No renuncies al derecho de acceder a esa fuerza solo porque necesitas hacer algunas preguntas incómodas y tal vez investigar un poco.

CONOCE TU CALIFICACIÓN CREDITICIA

Entonces, lo último que siempre pregunto es: ¿Cuál es tu calificación crediticia? No hay nada más revelador que sentarse con alguien por primera vez, ingresar su información personal en *creditkarma.com* (mi plataforma favorita para este fin) y mostrarle su calificación crediticia.

Muchas mujeres (muchas personas, de hecho, pero estamos hablando de mujeres aquí) no saben cómo funcionan las calificaciones crediticias. Básicamente, es un rango; cuanto mayor sea tu número o calificación crediticia, mejor. Estar en los 800 es muy bueno.

Muchas personas tienden a caer en el rango de 700 o 600; normalmente necesitas una calificación de 700 para comprar una casa.

¿Qué se necesita para construir una calificación crediticia y mantenerla alta? En primer lugar, la calificación es tu relación deuda-ingreso, que es esencialmente cuánto tienes que pagar mensualmente como un porcentaje de tus ingresos. ¿Cuánto crédito tienes disponible en comparación con lo que ganas? ¿Cuánto debes en estas tarjetas de crédito y cuál es tu historial de pagos? ¿Estás pagando intereses todos los meses? ¿Pagas el saldo completo de las tarjetas o pagas con retraso?

Estos son los tipos de cosas que influyen en tu calificación crediticia. Hay otras cosas que las agencias de crédito analizan, como el tipo de crédito que tienes. ¿Estás comprando un bote con tu tarjeta de crédito? ¿Estás pagando una hipoteca? ¿Tienes una segunda línea de crédito con tu casa como garantía?

Los algoritmos utilizados para crear tu calificación e informes crediticios toman en cuenta todos estos factores porque una calificación crediticia ofrece una predicción de la probabilidad de pagar cualquier deuda. La pregunta esencial que se hace y se responde con tu calificación es: «¿Me pagará esta persona?»

Por lo tanto, tu calificación crediticia es un número importante que debes conocer.

Verificar la calificación crediticia por primera vez es particularmente revelador para las mujeres casadas.

Cuando les pregunto acerca de su calificación crediticia, encuentro que a menudo dicen algo como: «¡Tengo todas estas tarjetas de crédito! Debe ser muy buena». Abren sus billeteras y tienen la tarjeta *American Express Platinum*, la *Black Card*, la de *Saks* y *Neiman Marcus*. Luego miramos su informe de crédito y nada de eso aparece. Entonces tenemos una conversación esclarecedora sobre cómo determinar si las tarjetas están a nombre de ellas o de sus esposos. Asumen que las cuentas también están a sus nombres, pero ese no suele ser el caso. Su nombre puede aparecer en la tarjeta, pero eso no significa que sean dueñas del historial de crédito o que incluso tengan una responsabilidad real por las cuentas. Al final del día, básicamente solo se les permite tener el privilegio de usar la tarjeta. Para las mujeres, puede ser un momento revelador darse cuenta de que no tienen historial crediticio y, por lo tanto, tendrán dificultades para acceder al crédito, como pedir una hipoteca para comprar una casa nueva, si su esposo no participa.

Lo mismo puede ocurrir con las viviendas y las hipotecas de viviendas. A menudo, la escritura de propiedad está a nombre de ambos, pero la hipoteca está a nombre de solo uno de los dos, el del proveedor principal del hogar. Por supuesto, esto nos lleva al mismo problema que vemos con las tarjetas de crédito:

no estás creando un historial de crédito. Sin historial de crédito, es mucho más difícil pedir prestado y puedes terminar pagando tasas de interés más altas cuando lo hagas.

Además, conocer tu calificación crediticia te ayuda a evitar el robo de identidad, que es un problema grave en los Estados Unidos en este momento. Todos deberíamos revisar nuestra calificación crediticia con regularidad para asegurarnos de que nadie abra cuentas en nuestro historial del Seguro Social sin nuestro conocimiento.

Dos de mis clientas pasaron por experiencias de robo de identidad, y en ambos casos, resultó que el robo lo habían ejecutado empleados a los que estimaban. En ambas situaciones, les habían dado a estas personas, miembros de confianza de su familia empresarial, acceso directo al proporcionarles sus números de Seguro Social. Lamentablemente, después terminaron con tarjetas de crédito a sus nombres que nunca solicitaron. Como no revisaban sus informes crediticios, no tenían forma de saber lo que estaba sucediendo hasta que fue demasiado tarde.

Alguien puede, sin mucha dificultad, solicitar una tarjeta de crédito a tu nombre y luego emitir una tarjeta secundaria para su uso personal. Utilizan un apartado postal o una dirección separada y nunca te enterarás. Nunca verás un estado de cuenta. Es uno de los mayores problemas de fraude que enfrentan las compañías de crédito y las personas en la actualidad.

Ahora bien, si tienes un historial crediticio malo porque no fuiste diligente en hacer los pagos a tiempo, pasaste por un momento difícil o alguien te robó tu identidad, hay cosas que puedes hacer para arreglarlo. Si descubres que tu informe crediticio tiene errores o revela que hubo un fraude, comunícate con las agencias de crédito y encuentra formas de mejorar las cosas.

Tu calificación crediticia te persigue durante al menos siete años, por lo que es importante corregir los errores. Pero debido a que tu calificación también cambia con el tiempo, siempre es posible hacer algo para mejorarla.

Conozco personas que se declararon en bancarrota y no obtuvieron ningún crédito durante siete años. Ahora son ciudadanos muy responsables en lo financiero que pagan sus deudas y tienen calificaciones crediticias altas porque corrigieron los comportamientos que los llevaron por el camino de la insolvencia o se recuperaron de las experiencias que los obligaron a salirse del carril. (La razón principal de las bancarrotas en los Estados Unidos son las deudas por gastos médicos, así que... necesitas un seguro médico. Es, no obstante, oportuno decir que un estudio de Harvard sobre este tema encontró que el 78 por ciento de las personas que se declararon en bancarrota debido a una deuda médica tenían seguro médico. Pero eso es tema para otro libro).

ENTIENDE TUS INGRESOS

Lo siguiente que le pregunto a cada mujer que entra a mi oficina es: «¿Cuál es tu fuente de ingresos?». Sin importar el ámbito de la vida en que te encuentres, ya sea que estés casada, divorciada o en proceso de divorcio, viuda, soltera, o seas empleada, madre que se queda en casa o empresaria, esta es una pieza crucial de tu base de empoderamiento.

El «árbol del dinero» presenta excelentes imágenes, y siempre lo uso cuando hablo sobre dinero con los niños. Esta pregunta es esencial para determinar en dónde está plantado tu árbol del dinero. ¿Cómo recoges los frutos? En realidad, no tengo un árbol en el patio trasero que me dé dinero como imaginan nuestros hijos, entonces, ¿cómo lo consigo? La naturaleza de mi árbol del dinero depende de las circunstancias de mi vida.

No son solo nuestros hijos los que se confunden. Muchas personas no entienden de dónde provienen sus ingresos o cómo funciona su flujo de efectivo. He preguntado a mujeres solteras que ocupan altos cargos profesionales cuánto ganan, y me han dado una cifra anual aproximada. Ven un número en sus formularios W-2, por lo que saben que ganaron 'X' o 'Y' cantidad de dólares. Pero cuando les pregunto cómo están estructurados los ingresos totales o les pido que pronostiquen cuánto ganarán el próximo año, no son capaces de hacerlo.

Si trabajas o administras un negocio basado en bonificaciones o comisiones, en particular, es importante comprender la estructura de compensación y revisar tu cheque de pago todas las semanas. Las empresas cometen errores y tú necesitas que te paguen la cantidad correcta. Lo mismo ocurre con las mujeres empresarias.

Como dije en capítulos anteriores, me he encontrado con empresarias verdaderamente talentosas e inteligentes que constantemente crean los mejores productos para sus clientes y dirigen negocios que ayudan a la sociedad de muchas maneras, pero que no entienden sus fuentes de ingresos. Les resulta difícil analizar sus empresas y decir: «Este artículo se vende por 'X' dólares y diseñarlo, fabricarlo, comercializarlo y distribuirlo cuesta 'Y' dólares, por lo tanto, la empresa gana 'Z' dólares por cada uno que vende».

A las mujeres que han optado por no trabajar fuera del hogar en este momento, por el motivo que sea, y cuyas parejas lo hacen, las animo a que aprendan sobre la forma en que sus parejas ganan dinero.

Cuando finalmente conseguimos que la esposa del contratista del que hablé en un capítulo anterior se involucrara en su planificación financiera, le pregunté sobre los ingresos de la empresa. Ella dijo: «Mi esposo construye casas».

«Fantástico», dije. «Pero, ¿cuánto paga ese negocio? ¿Cómo funciona el flujo de ingresos? ¿Cómo factura a sus clientes? ¿Cuándo y cómo le pagan por un trabajo?».

No le pido a nadie que se sumerja a profundidad en cada mínimo detalle de sus finanzas, pero es importante comprender lo básico. En este sentido, no puedo dejar de recalcar lo siguiente: si tu esposo es dueño de un negocio o empresario, debes comprender de qué manera su negocio genera dinero.

Es una pregunta simple: ¿cómo hacemos el dinero?

Especialmente en Miami, encuentro que hay demasiadas mujeres que no pueden explicar a qué se dedican sus esposos. Sí, es un hombre de negocios, pero ¿qué significa eso? Es información esencial, ya que nadie está exento de ser atropellado por un automóvil cuando cruza la calle o de sufrir un derrame cerebral, dejándote sin nadie que se ocupe de pagar la hipoteca.

Si tu esposo tiene un empleo de oficina convencional, esta situación es más sencilla. Si no hay empleo, no hay ingresos, a menos que tengan un seguro.

¿EMPRESA FAMILIAR? CONÓCELA A FONDO

Si tu esposo es dueño de un negocio, debes conocer más detalles. Por ejemplo, ¿puede esta empresa perder a su director general y fundador y continuar operando de la misma manera, o su supervivencia depende por completo de la persona que la dirige hoy?

Si la persona que crea la fuente de ingresos no puede ir a trabajar durante un mes, ¿cómo pagas tu hipoteca entonces? Es muy importante que las parejas se sienten y se hagan esta pregunta, pero no se trata de evaluar si tu esposo te está dando suficiente dinero o si está gastando demasiado. Se trata de proteger a tu familia.

También recomiendo a las mujeres que se sienten con sus esposos y con los socios comerciales de sus esposos para conocer sus acuerdos de asociación. Recuerdo haber escuchado una historia, cuando era niña, sobre una familia en Cuba. El esposo murió y el socio comercial se acercó a la viuda inmediatamente después. Su esposo había sufrido un infarto, y el socio comercial le pidió que firmara algunos documentos urgentes. Ambas familias tenían dos hijos y ella asumió que ellos manejarían la empresa. No se dio cuenta de que con su firma cedía el control de la compañía al socio restante. Sus hijos terminaron siendo empleados de la otra familia y no había nada que ella pudiera hacer al respecto.

Si bien los socios comerciales de tu esposo pueden ser amigos verdaderos y valiosos, tal vez incluso los padrinos de tus hijos, las personas cambian mucho cuando se trata de dinero. Es importante que te asegures de nunca tener que enfrentarte a esa situación.

¿Con quién hace negocios tu esposo? ¿Hay socios silenciosos que no conoces? Algunas mujeres piensan que poseen una participación del 50 por ciento en sus empresas familiares, solo para descubrir que la empresa ha estado dando acciones a empleados antiguos durante años, diluyendo su propiedad del 50 por ciento al 30 por ciento. De repente, tienen que enfrentar el hecho de no tener control sobre sus activos o ingresos.

¿Cuál es el plan si algo te sucede a ti o a tus socios? ¿Vendes la empresa? ¿Tienes hijos que quieran hacerse cargo? Si es así, ¿estás entrenando y capacitando a esos hijos para hacerlo? ¿Tienes la capacidad de dirigir la empresa y hacerte cargo?

En la escuela secundaria, tuve un gran amigo cuyo padre falleció de repente. El señor tenía un próspero consultorio médico y, dado que nadie más en la familia era médico, su única opción era venderlo. Pero pronto descubrieron que el 80 por ciento de los pacientes del consultorio eran pacientes de *Medicaid* (seguro médico del gobierno), y no se puede vender un consultorio compuesto por pacientes de *Medicaid*. El gobierno simplemente los reasigna a otro médico. La familia se enteró de que sus ingresos futuros dependían de un consultorio en el que solo alrededor del 20 por ciento de los pacientes contaban en términos de su valor de venta. No hace falta decir que fue una gran sorpresa.

Soy fanática de *Los Soprano*, y me encantó cuando la esposa de uno de los mafiosos se hizo cargo del taller de carrocería de su esposo cuando Tony lo mató. Su capacidad para dirigir la empresa fue un gran activo. Si ya participas en la empresa familiar y eres capaz de administrarla por tu cuenta en caso de alguna eventualidad, tienes un excelente salvavidas. También tienes la opción de vender la empresa si decides hacerlo; si la conoces a profundidad, es mucho más probable que puedas obtener su valor total en una venta.

Esto también es algo que las mujeres que han estado fuera de la fuerza laboral criando a los hijos deben pensar. Si tienen una empresa familiar, considera si podrías manejarla con tu esposo.

Además de comprender la fuente de ingresos de la empresa familiar, es esencial conocer su estado general de salud. El divorcio (y la infidelidad) a menudo ocurren cuando alguien está pasando por un momento muy difícil con su empresa. No soy psicóloga, obviamente, pero he visto que esto sucede con la frecuencia suficiente para poder identificarlo como una tendencia común. Es tan cierto que, cuando escucho sobre la infidelidad o el divorcio que la mujer frente a mí no vio venir, siempre le pregunto qué está pasando en la empresa.

La respuesta casi siempre es: «Oh no, la empresa va muy bien». Luego comienzan a hacer sus declaraciones juradas financieras para presentarlas ante el tribunal y es entonces cuando el esposo finalmente admite: «No sabía cómo decirle a mi esposa que no soy exitoso; soy un fraude».

Él vivía una mentira; ella, una vida que no podían costear.

En algunos de estos casos, también ha habido malversación de fondos. Supe de casos de mujeres que descubrieron que sus esposos estaban robando dinero de la empresa porque querían un estilo de vida opulento que la empresa ya no podía mantener.

Es extremadamente doloroso llegar a la conclusión a posteriori de que tu vida no era para nada lo que pensabas.

TUS DECLARACIONES DE IMPUESTOS QUISIERAN DECIRTE ALGUNAS COSAS

Como mencioné en un capítulo anterior, leer tus declaraciones de impuestos es una de las formas más efectivas de evitar este tipo de experiencias. Tus declaraciones pueden ser de los mejores libros que jamás hayas leído. Por lo general, todos conocemos a alguien que es contador. Cuando me quedé en casa para criar a mis hijas, conocí a muchas mujeres que también estaban dedicadas a la casa y los hijos y eran contadoras públicas certificadas.

Fueron esas amigas las que me hablaron por primera vez de la importancia de leer la declaración antes de firmarla. Reúnete con un amigo contador o simplemente busca los términos que no entiendes en el Internet. Es una lectura muy simple y fácil y te brinda mucha información.

En primer lugar, si tu esposo y tú presentan una declaración conjunta como lo hacen la mayoría de las parejas, te dirá cuánto dinero está ganando tu familia. Te informará si hay ingresos por inversiones, activos en el extranjero o ingresos provenientes del exterior. Aquí en Miami, a menudo nos encontramos con situaciones en las que el esposo de una de nuestras clientas ha comprado un par de propiedades en las Bahamas y las alquila.

Muchas veces nos encontramos con mujeres que no saben si sus esposos tienen carteras de inversión o jubilación. Eso también lo encuentras justo allí, en la declaración de impuestos conjunta. Si tu esposo tiene una cartera de inversiones y está obteniendo ingresos, tendrá que informarlo al recaudador de impuestos. La mayoría de las veces, también te dirá si tienen préstamos familiares porque están pagando intereses y pueden deducirlos. Si tu esposo está en una sociedad general o tiene una sociedad anónima (LLC, por sus siglas en inglés) o incluso una sociedad anónima de tipo S, puede haber documentación que muestre que recibe dinero de un fideicomiso o patrimonio. Tuve una clienta que no sabía que su cónyuge había heredado dinero y tenía ingresos provenientes de un fideicomiso hasta que leyó su declaración de impuestos conjunta.

Toda esta información se incluye en los documentos que deben adjuntarse a tus formularios de impuestos. En la mayoría de los casos, está justo ahí. Pocas personas están dispuestas a mentirle al recaudador de impuestos porque los investigarán si lo hacen. (A muchas personas parece molestarles menos el hecho de mentirle a su cónyuge).

Entonces... de nuevo, lee tu declaración de impuestos antes de firmarla. La mayoría de las parejas presentan una declaración conjunta, incluso cuando están peleados, porque esa suele ser la forma de obtener las mayores deducciones. Las únicas excepciones que he visto fueron en situaciones bastante extremas: parejas divorciadas que no pueden unirse para cooperar y presentar una declaración conjunta, incluso aunque haya consecuencias fiscales punitivas, y una mujer que sabía que su esposo andaba en malos pasos y no quería que el departamento de impuestos la investigara por culpa de él.

Esa es otra razón para leer tu declaración: si tu esposo no declara ingresos, o no declara activos extranjeros o de inversión, al Servicio de Rentas Internas (IRS, por sus siglas en inglés) no le importa si lees la declaración o no. Tú eres responsable. Podrías estar cometiendo fraude fiscal solo con tu firma.

PROTÉGETE DE TODO DAÑO

Si ves la serie *The Real Housewives of New Jersey*, recordarás que Teresa G estuvo en la cárcel durante un año por, según ella, firmar formularios que su esposo le puso enfrente y le dijo que firmara. Es algo serio.

También he oído de casos de hombres que se preparaban para dejar a sus esposas y les ocultaban sus declaraciones de impuestos. Entonces, si no recibes una copia, comunícate con el contador que prepara tus declaraciones y solicita una. Él tiene una responsabilidad fiduciaria con los dos. Si el contador no quiere hablar contigo, no firmes nada.

Si estás leyendo esto y sientes escalofríos porque ya has firmado formularios de impuestos que no leíste, el IRS ofrece el Formulario 8857, la solicitud de absolución para el cónyuge inocente. Puedes llenarlo con tu abogado de divorcio o tu contador y presentarlo ante el IRS. Básicamente dice que firmaste formularios, que no tienes idea de lo que había en ellos y que quisieras ser considerada para una absolución si esos formularios son erróneos o fraudulentos.

Históricamente, el IRS no ha sido conocido por decir: «Bueno, te creemos». Pero el *New York Times* publicó hace poco un artículo en el que hablaba sobre cómo esta situación está comenzando a cambiar; el IRS ha comenzado a otorgar más absoluciones en casos de cónyuges inocentes y ha ampliado la oficina que maneja estos casos con la incorporación de unos 100 empleados.

Las mujeres a menudo sienten que no pueden hacer preguntas sobre el contenido de estos formularios incluso cuando, en el fondo de su corazón, suena una alarma. «Mi esposo dice que gana 100 000 dólares al año, pero conduce un *Maserati*. O es una cosa o la otra». Ella no quiere comenzar una discusión. ¿Qué harías? ¿Preguntarle causaría un divorcio? ¿Tendrías que irte de tu casa? Definitivamente esa conversación podría tener repercusiones. Y creo que el IRS está comenzando a darse cuenta de que hay situaciones en las que las mujeres sienten que no tienen otra opción que firmar sus declaraciones sin saber lo que hay en ellas. Es casi como tener fe en la fidelidad que se juraron en un matrimonio. Si cuestionas la fidelidad financiera, ¿estás destruyendo la fe?

Espero que todavía tengas la opción de no permitir que la situación llegue tan lejos. Hoy, mírate en el espejo y reconoce la fuente principal de tu empoderamiento financiero: tú misma. Luego, empápate de tus cifras. Una vez que lo hagas, estarás bien encaminada.

IDEAS VALIOSAS
que te deja el Capítulo 6

- Tu declaración de impuestos te dará una visión excelente y rápida de tu panorama financiero general.
- No firmes una declaración de impuestos si no tienes idea de lo que contiene.
- Recuerda que eres responsable de cualquier fraude o error de cálculo que el IRS pueda encontrar en esos documentos. Si crees que estás en una situación vulnerable, considera presentar un formulario de absolución para el cónyuge inocente.

Primeros pasos

1. Haz un inventario anual y calcula lo que tienes en activos y pasivos; ese es tu valor neto en este momento. Consulta las hojas de trabajo al final del libro, te servirán como guía.
2. Haz una limpieza general de tu informe de calificación crediticia. Las tres principales agencias de crédito (*Equifax*, *Experian* y

TransUnion) proporcionan informes gratuitos una vez al año, pero también te recomiendo descargar la aplicación *Credit Karma* ahora mismo y familiarizarte con sus informes mensuales.

3. Si no comprendes de dónde provienen los ingresos de tu familia, incluyendo cuándo, cómo y en qué forma se reciben, averígualo tan pronto como sea posible.

TUS NOTAS

....

....

....

....

....

....

....

....

....

....

....

....

....

CAPÍTULO 7

El aprendizaje y la planificación, tus nuevos súper poderes

LA FORMACIÓN FINANCIERA ES UNA DE LAS MATERIAS más importantes que debemos impartir a los niños en este país, y una de las más ignoradas. Desde el momento en que comienzan a pedir dinero hasta que se van a la universidad, tenemos la invaluable oportunidad de enseñar a nuestros jóvenes a administrar el dinero y contribuir a una economía más sólida.

Cuando hablo de formación financiera, muchas personas me preguntan qué quiero decir. Básicamente, es el conocimiento y la información que necesitamos para tomar buenas decisiones sobre el manejo del crédito, las deudas y el dinero.

No se trata de volverse un experto en inversiones o dominar cada estrategia, sino de saber lo suficiente sobre todo lo que hay que saber. Podrías abordar distintos aspectos en diferentes momentos; cuando te gradúas de la universidad, necesitas saber sobre pagos de deudas, flujo de efectivo y elaboración de presupuestos.

Podrías estudiar los préstamos y las deudas:

- *¿Cuántos tipos de préstamos hay?*
- *¿Cómo puedo solicitar préstamos para reducir las tasas de interés que estoy pagando por mis préstamos estudiantiles?*
- *¿Qué estrategias puedo aplicar para mejorar mi calificación crediticia?*
- *¿Cómo ahorro y hago un presupuesto para los pagos?*
- *¿Qué relación deuda-ingreso se adapta mejor a mi estilo de vida?*

Cuando recibas un aumento de salario, probablemente sea hora de aprender los conceptos básicos del ahorro y las inversiones.

- *¿Qué es una acción?*
- *¿Qué es un bono?*

- *¿Qué es una Sociedad Cotizada Anónima de Inversión en el Mercado Inmobiliario (REIT, por sus siglas en inglés)?*
- *¿Qué es un Fondo de Inversión Cotizado (ETF, por sus siglas en inglés)?*

En última instancia, la formación financiera está en el centro de muchas prácticas cotidianas, incluida la elaboración de presupuestos, la planificación de los ahorros y la jubilación; estar formada financieramente significa comprender todas las implicaciones de tus ingresos, gastos, valor neto y plan financiero a más largo plazo.

Animo a mis clientas a pensar primero en la formación financiera en el contexto de sus vidas y los problemas que enfrentan todos los días. Las mujeres a menudo son las encargadas de los presupuestos de sus hogares, estableciendo los hábitos de gasto diario de sus familias. Estadísticamente, el entorno del hogar es una zona de confort para la mayoría de las mujeres, como se discutió anteriormente.

Los planes de gastos siempre inciden en la planificación a más largo plazo. Muchas de mis clientas señalan que no solo se encargan de administrar los gastos diarios, sino de decidir qué tarjeta de crédito entregar al cajero y determinar cuánto dinero pueden sacar del cajero automático.

En estos días, es esencial crear más momentos de quietud y tranquilidad en nuestras vidas. Pero muy a menudo, en el momento en que nuestras mentes dejan de correr a cien por hora, nos invaden pensamientos de inseguridad financiera. Si tienes dificultades para conciliar el sueño por la noche porque te invaden pensamientos sobre las deudas, la jubilación y la gran incógnita financiera, estos problemas ya no tienen que ver únicamente con la planificación financiera a largo plazo: se han convertido en un problema diario. Muchas mujeres admiten que la planificación financiera de los estudios universitarios de sus hijos les quita el sueño por la noche. ¿Podrán mantener a sus hijos durante sus años universitarios? ¿Lograrán sus hijos mantener a las generaciones futuras? ¿Podrán cuidar a sus padres ancianos si es necesario?

Es fundamental desmitificar las respuestas a estas preguntas.

La falta de formación financiera es un problema universal, pero cuando los clientes admiten que tienen esta carencia, a menudo se hace evidente que se avergüenzan por ello. La formación financiera, o la falta de ella, afecta a personas de todo el mundo, de todos los grupos sociales y económicos y, sin embargo, en general, simplemente no se imparte. Esto necesita cambiar. Por ahora, sin embargo, tenemos que empoderarnos.

Formar a la gente en lo financiero significa tener un impacto en el mundo que nos rodea. Junto con el discurso que rodea al movimiento femenino y las medidas para promover los derechos de las mujeres y empoderar a las comunidades en América del Sur, Asia, Medio Oriente y África, la formación financiera es un factor de importancia crítica en el cambio global. En 2017, la Autoridad Reguladora de la Industria Financiera (FINRA, por sus siglas en inglés) realizó una encuesta que reveló que dos tercios del público estadounidense no podían pasar una prueba de formación financiera. (FINRA es el organismo que rige todas las actividades de los asesores financieros; la Fundación FINRA tiene como objetivo único la mejora de la formación financiera).

Solo cinco estados en los Estados Unidos incluyen una clase de finanzas personales como requisito previo para graduarse de la escuela secundaria. A raíz de la crisis financiera de 2017, después de las crisis crediticia e inmobiliaria, nos hemos dado cuenta de que las personas no tenían idea de en qué se habían metido financieramente.

ASEGURA TU FUTURO CONTRA LA POBREZA

Según *Annuity.com*, una de cada cinco mujeres cae en la pobreza después de divorciarse o quedar viudas. Si estas mujeres recibieran educación en finanzas personales, participaran en la planificación financiera y la toma de decisiones antes de perder a sus parejas, podrían prepararse mejor para vivir de sus ahorros en la jubilación.

Cuando se trata de productos financieros, hoy tenemos a nuestra disposición más opciones que nunca. Cuando mi abuelo se jubiló de su trabajo como estibador en el puerto de Miami, dependió del Seguro Social y un plan de pensiones. No sabía nada de cómo obtener una Cuenta Individual de Jubilación (IRA, por sus siglas en inglés). Educarse en lo financiero hoy en día es como acercarte a una enorme barra libre de comida y sentirte abrumada pero tentada por todas las opciones que tienes a tu disposición. A menudo, esto hace que las personas que inician el proceso de planificación financiera den un paso atrás, sobrecargadas de información.

Mi abuelo perteneció a una generación afortunada, una que podía contar con sus planes de pensión y con el Seguro Social para jubilarse y vivir sus últimos años. Tuvo mucha suerte de tener una buena pensión que le proporcionó un seguro de salud complementario. Hoy, es imposible vivir solo con lo que te da el Seguro Social. Es esencial planificar una segunda fuente de ingresos para la jubilación.

Finalmente, hoy en día la gente tiene vidas más largas que nunca, y eso es una buena noticia. Sin embargo, las calculadoras de longevidad no siempre toman en cuenta las diferencias en la esperanza de vida entre hombres y mujeres, ni el aumento de 10 a

15 años en la esperanza de vida promedio en ambos sexos. La última calculadora financiera que vi utilizó una esperanza de vida promedio de 70 años. Mis abuelos vivieron hasta los ochenta y tantos años. En este momento, mis padres tienen más de setenta años y son muy activos. Siempre fuera de casa, no tienen intenciones de reducir el ritmo como lo hicieron mis abuelos a su edad. Una de mis clientas, una entrenadora de *fitness* y experta en estilo de vida, dice que «los 40 son los nuevos 20», y tiene razón. Y si los 40 son los nuevos 20, entonces los 90 son los nuevos 70. Hoy las personas tienen vidas más largas que nunca, y debemos tener esto en cuenta al ahorrar para nuestra jubilación.

ASÍ QUE... ¿POR DÓNDE EMPEZAMOS?

La formación financiera tiene cinco componentes principales: ingreso, gasto, ahorro, préstamo e inversión.

En el camino al empoderamiento, por lo tanto, me gusta comenzar con los **ingresos**.

Primero identificamos con exactitud cuánto se deduce de tus ingresos por impuestos, *Medicare* y Seguro Social, ya que muchos jóvenes no entienden a dónde va su dinero.

A partir de ahí pasamos a los **planes de beneficios**. ¿Estás contibuyendo lo suficiente a tu plan 401(k)?

¿Es eso siquiera posible en este momento? Si no es así, ¿de qué otra manera puedes comenzar a ahorrar para el futuro?

Una vez que ganan dinero, me gusta enseñar a las mujeres el arte de la **negociación** y cómo recibir el pago que merecen. Este proceso consiste en vencer el miedo de exponerse a una situación de negocios: atreverse a pedir un aumento, un ascenso o una nueva oportunidad. Cuando las mujeres dejan de trabajar por un tiempo para criar a sus hijos, como lo hice yo misma, puede ser muy difícil reintegrarse y aceptar un salario menor que el de sus colegas por no tener la misma experiencia. (La buena noticia es que puedes compensar esta diferencia si tienes una estrategia de inversión inteligente).

En una ocasión, una mayorista financiera pasó por mi oficina. (Los mayoristas financieros son personas que promocionan productos financieros a los asesores). Hablamos de nuestras respectivas carreras profesionales, y ella comentó que su mayor desafío era aprender a negociar. Era excelente en su trabajo, pero reconoció que a los hombres se les enseña a ser más agresivos en sus carreras profesionales. Lo mismo ocurre con las inversiones. En un artículo en su edición de febrero del 2019, la revista *Fast Company* destacó las diferencias en la forma en que los padres hablan con sus hijos, dependiendo de si son niños o niñas, sobre la inversión, animando a sus hijos a invertir y a tomar riesgos, al tiempo que alientan a sus hijas a ser cautelosas.

El siguiente componente principal es el **gasto.** ¿En qué estás gastando? ¿Qué estás comprando? ¿Puedes permitirte gastar de la manera que lo haces? ¿Necesitas esas cosas en tu vida? Es aquí donde el presupuesto entra en juego. Tu presupuesto es el primer nivel de tu pirámide de planificación y formación financieras. ¿Tienes un presupuesto? ¿Sabes cómo asignar los recursos? ¿Gastas demasiado? ¿Estás ahorrando lo suficiente? Recuerda que, si gastamos todo lo que ganamos, siempre tendremos problemas.

Dado que tu **presupuesto** es la base de tu pirámide, es extremadamente importante ceñirse a una estrategia clara de gastos. Cuando les digo a mis clientas: «¡Vamos a crear un presupuesto!», a menudo lo reciben con el mismo entusiasmo que mostrarían si su dentista les dijera que necesitan un tratamiento de conducto. Conocí a muchas mujeres que se divorciaron y dijeron algo como: «Nunca he hecho un presupuesto. Tenía una tarjeta de crédito y gastaba dinero con ella».

Si bien el uno por ciento del mundo podría ser lo suficientemente afortunado como para no tener que preocuparse por el presupuesto, incluso los ricos deben ser conscientes de sus hábitos de gasto, como descubrieron todas estas mujeres más tarde y por las malas. Todos sabemos que el mercado puede colapsar en cualquier momento. Las personas pueden perder sus empleos o a sus cónyuges y encontrarse sin ingresos suficientes para cubrir sus gastos. (Especialmente si nunca supieron sus cifras en primer lugar).

El siguiente componente de la formación financiera es el **ahorro**. Lo primero que le digo a una mujer que está comenzando el camino al empoderamiento es «págate a ti misma primero». Las mujeres empresarias a menudo no se pagan a sí mismas; en cambio, invierten nuevamente en su negocio, se ocupan de sus empleados y se pagan a sí mismas de último.

Además de pagarte a ti misma primero, debes ahorrar en todo momento. Establece un presupuesto solo después de deducir un porcentaje de tus ingresos que debe ir directamente a tu cuenta de ahorros o a una IRA. Lo más importante es separar el dinero. Ahorra tanto como puedas porque eso te hará más rica y sabia a largo plazo.

El cuarto componente es el **préstamo**. En un mundo perfecto, nadie tendría deudas al momento de jubilarse, pero siendo realista, seguramente vas a pedir prestado a lo largo del camino. Puedes arrendar un automóvil y hacer los pagos mensuales. Es posible que desees comprar una casa. Para hacerlo necesitarás un préstamo, así que solicita esa primera tarjeta de crédito y comienza a construir tu calificación crediticia ahora. En mi opinión, ver los préstamos como algo negativo es contraproducente; debemos abordarlo desde la perspectiva de empoderarnos y pedir préstamos de forma estratégica.

Conozco a varias personas que pidieron préstamos para la matrícula universitaria de sus hijos con el fin de administrar mejor su flujo de efectivo. No les importa pagar una cuota de 500 dólares mensuales, pero no quieren emitir un cheque de 30 000 dólares cada semestre. Están pagando más intereses de lo que pagarían de la otra forma, pero están ganando flexibilidad en su flujo de efectivo. Si tienes los conocimientos financieros, podrás determinar por ti misma cuándo es mejor pedir prestado.

El último elemento de nuestra lista es la **inversión**.

Comienza invirtiendo en ti misma; invierte en tu empoderamiento y educación personal, ya sea a través de un programa universitario o un curso de formación financiera como *Empowered Worth*. Invertir en nosotras mismas es el paso más importante que podemos dar como mujeres. El activo más grande que podemos capitalizar es nuestra propia capacidad.

El siguiente paso es aprender a invertir en el mercado. No permitas que este «monstruo» te intimide. Deja de pensar: «Oh, Dios mío, ¿qué pasa si el mercado colapsa y pierdo todo mi dinero?». Históricamente, sabemos que invertir en el mercado ofrece más seguridad que una cuenta de ahorro, especialmente si esas inversiones se mantienen durante un tiempo largo (más de 10 años). Ganamos más dinero de esa manera y, además, es un hecho poco conocido que las mujeres son mejores para invertir que los hombres. ¿Por qué? Simplemente porque no buscan constantemente el próximo gran éxito. Las mujeres no necesitamos jactarnos de las acciones nuevas que adquirimos, en el campo de golf todos los domingos por la tarde.

Un estudio de la sede de Berkeley de la Universidad de California descubrió que los hombres invierten en la bolsa un 45 por ciento más que las mujeres. Las mujeres superaron a los hombres en términos de rendimiento de sus inversiones. *Fidelity Investments* también analizó más de ocho millones de cuentas y descubrió que los rendimientos de las mujeres superaban a los de los hombres; además, las mujeres eran mejores ahorradoras. Comparto estas estadísticas para animarte a invertir y a elegir de forma inteligente tus inversiones; busca asesoría y planifica mantener tus inversiones durante algunas décadas. Puedo garantizarte que no te arrepentirás porque contar con una brújula financiera sólida y un plan de inversión completamente diversificado lo es todo.

EL PLAN B ES EL NUEVO PLAN A

Por otra parte, animo a mis clientas a tener un plan alterno. Una vez que hayas elaborado un plan financiero, piensa en otro y en otro, hasta el infinito. En la vida, hay circunstancias inesperadas que surgen de forma repentina, y a veces las cosas se salen de control.

A veces mis clientas me dicen: «Oh, no me gusta pensar en lo negativo, Vicky. Manifiesto mi realidad y, por lo tanto, solo me concentro en cosas positivas». Me gusta todo lo relacionado con la visualización de la riqueza; entiendo la idea de proyectar positividad al universo y creer que este te devolverá grandes cosas. Sin embargo, si todos pensáramos de esta manera, nunca compraríamos seguros para viviendas o automóviles porque eso equivaldría a manifestar situaciones negativas. Parafraseando a Hunter S. Thompson decimos: «Piensa en positivo, pero rema lejos de las rocas». No se trata de ser negativo sino de poner de nuestra parte para evitar que eventos inesperados aniquilen nuestro bienestar financiero, al tener un plan A, un plan B y un plan C.

Me he centrado en esto más y más recientemente. Si eres empresaria, ten un plan de salida. Incorpóralo a tu tablero de visión y reflexiona sobre lo que estás manifestando y cómo podría terminar algún día. ¿Cómo te gustaría poner fin a esta empresa? ¿Qué cifra quieres alcanzar antes de jubilarte?

Cuando se trata de planificación financiera, las cosas cambian constantemente, y por eso es esencial tener un plan alterno. Pregúntate lo siguiente: «¿Qué pasa si debo criar a mis nietos? ¿Qué pasa si tengo montones de nietos y necesito apoyar unos cuantos intereses y futuros?»

Todos los planes financieros deben ser orgánicos, como entidades propias que viven y respiran, y esto implica que deben ser capaces de resistir y adaptarse. Es probable que tu carrera profesional o empresa experimente muchas iteraciones, por lo que necesitas un plan que tenga la suficiente flexibilidad para adaptarse a todos los cambios que la vida te pondrá enfrente.

En California, podrías considerar tener un plan alterno en caso de terremoto o incendio forestal. En Miami, nos enfocamos en prepararnos para los huracanes.

Si has sido ama de cada durante mucho tiempo, pregúntate qué harías si, por ejemplo, a los 40 años de edad, necesitaras volver a trabajar. ¿Cómo te parecería eso? Incluso les digo esto a mujeres que apenas están en proceso de elegir su profesión e imaginando sus futuras carreras. ¿Dónde te ves en 20 años? ¿Te permitirá tu profesión quedarte en casa con tu hijo durante uno o dos años? ¿Qué pasa si tienes una hermosa bebé y simplemente no puedes alejarte de ella todos los días? Mi madre era ama de casa, y siempre me encantó tenerla allí todos los días cuando llegaba a casa. ¿Tienes alguna oportunidad de trabajar a tiempo parcial? ¿Puedes convertirte en empresaria?

Solo cuando comencemos a hacernos las preguntas correctas y aprendamos a expresar nuestros sueños, esperanzas y metas para el futuro, podremos crear un plan financiero más completo.

IDEAS VALIOSAS
que te deja el Capítulo 7

- Recuerda las cinco facetas de la formación financiera: ingreso, gasto, ahorro, préstamo e inversión.
- Está bien planificar para el peor escenario. Un plan alterno te brinda tranquilidad.

Primeros pasos

1. Toma algunas medidas sencillas para aumentar tu formación financiera. Comienza por leer artículos o *blogs* sobre dinero.
2. ¿Cuáles son los tres temas relacionados con el dinero que más te ayudarían en este momento de tu vida?
3. Si comprendes bien un aspecto particular de la formación financiera, busca una manera de compartirlo con otros. Ese será tu granito de arena para mejorar el mundo.

TUS NOTAS

....

....

....

....

....

....

....

....

....

....

....

....

....

CAPÍTULO 8

El final, por ahora

HICIMOS ESTE VIAJE JUNTAS Y EXPLORAMOS LA importancia de expresar lo que valor significa para ti.

También hablamos de lo que significa valor en el sentido financiero.

Analizamos todas las posibles etapas de la vida de una mujer, las diferentes decisiones que tomamos en términos de carreras profesionales y estilos de vida, y cuál es el impacto de nuestras decisiones en nuestras finanzas.

Analizamos las finanzas de la mujer soltera, de la mujer casada y de las mujeres casadas que se quedan solas de repente debido al divorcio o la muerte del cónyuge. Echamos un vistazo a la vida empresarial. Y examinamos la situación general de las personas en este país con respecto a la formación y el empoderamiento financieros.

Cuando hablo con mujeres que han recorrido el camino de *Empowered Worth*, que han dado los pasos de los que hemos hablado en capítulos anteriores, como conocer sus cifras, formarse en el aspecto financiero y tener un plan en constante evolución, todas me preguntan: «¿Cuándo terminaré?»

El aprendizaje nunca se detiene. Es algo que a algunos adolescentes no les gusta escuchar, pero se lo digo a mis hijas todo el tiempo. Si crees que algún día dejarás de aprender o que cuando te gradúes de la universidad ya estarás lista, eventualmente te darás cuenta de que no es así.

Como humanos, si somos afortunados, siempre estaremos aprendiendo y apreciaremos las recompensas de ese aprendizaje en cada etapa de nuestro recorrido. El camino de *Empowered Worth* no es fácil para todas todo el tiempo. Hay una curva de aprendizaje, sin duda, pero mantenerte en el camino correcto cambiará tu vida de una manera muy positiva desde un punto relativamente temprano en el proceso.

Cada vez que me reúno por primera vez con una clienta, me pregunto si piensa que estoy hablando con demasiados tecnicismos. Por eso siempre le digo: «Si necesitas que repita algo, avísame. Lo repasaremos de nuevo».

Si te sientes atascada o abrumada, habla con otra persona. O busca un mentor financiero. Haz lo que necesites hacer para sentirte más cómoda. Habrá momentos en los que sentirás que estás lidiando con demasiada información, y saldrás de la oficina de tu asesor o consejero financiero pensando: «Vaya, es mucha información que digerir».

No se trata de cursar una maestría en una semana, sino de llegar a un punto en que te sientas más segura de ti misma cuando surja el tema de tus finanzas personales.

En el momento en que mi esposo y yo comenzamos a hablar de algo durante la cena, ya sea de política, religión, sociología o psicología, y nuestras hijas, estudiantes de secundaria, aportan sus propios conocimientos y opiniones a la conversación, veo cuántos años de aprendizaje nos han traído hasta ese momento. Con el tiempo, la curva de aprendizaje se inclinará a tu favor también.

Lee pequeñas piezas de información todos los días. Sintoniza un canal de noticias como MSNBC durante una hora mientras haces los quehaceres domésticos o respondes tus correos electrónicos. Lee el *Wall Street*

Journal; compra la revista *Forbes*. Llegará el día en que tendrás esa sensación de: «¡Vaya! Lo que acabo de leer realmente me interesa».

Este interés proviene de la voluntad de comprender más profundamente tus finanzas personales y la forma en que tus finanzas inciden en el mundo. Sin embargo, a menudo las mujeres se sorprenden de su propia disposición a profundizar más en el tema. Mis clientas siempre me dicen: «Dejé de preocuparme por mis finanzas cuando aprendí sobre finanzas».

Como siempre, el conocimiento es poder. Pero en este caso, también evoluciona hasta convertirse en empoderamiento.

Cuando comiences a participar en el proceso de planificación financiera y adquieras los conocimientos de finanzas que necesitas, te sentirás más tranquila. Por un lado, evitarás endeudarte en vano, al tiempo que aumentarás tu conocimiento práctico. Tu futuro financiero ya no parecerá un gran nubarrón que se avecina en el horizonte. Hacer este recorrido te dotará de una sensación de seguridad. Muchas mujeres me dicen que han adquirido un nuevo sentido de libertad, independencia y autonomía en este proceso.

Antes de eso, se habían acostumbrado a que sus esposos, tal vez incluso sus asesores, insinuaran que las finanzas no eran un tema para mujeres. Ahora se sienten liberadas de estos estereotipos y de las creencias que les inculcaron desde niñas. Estas son mujeres que antes se sentían incómodas cuando sus esposos hablaban de inversiones durante la cena porque les habían enseñado que esa no era una conversación apropiada para una dama.

Amiga, este viaje te hará libre. Te enseñará resiliencia y empoderamiento, permitiéndote tomar las riendas de tu propio futuro financiero.

Mi abuela se casó con un hombre del cual estaba profundamente enamorada. Durante más de 60 años, él se ocupó de las finanzas por los dos. Planificó la jubilación y se aseguró de que ella tuviera un ingreso cuando él falleciera. Pero ella nunca experimentó una verdadera independencia financiera. Ni siquiera sabía cómo escribir un cheque hasta que él murió; tuvo que aprender. Por un tiempo, mi papá escribió sus cheques y ella solo los firmaba. Creo que incluso el solo hecho de firmar el cheque era una gran conmoción para ella porque siempre había asumido que alguien más se encargaría de todo.

Curiosamente, muchas mujeres están conociendo ahora por primera vez la independencia financiera, algo que le debemos al nuevo movimiento feminista y los movimientos feministas anteriores.

Las mujeres ahora tienen la opción de sentir que son dueñas de su dinero y que pueden cuidarse a sí mismas, independientemente de si son empresarias, baristas, esposas o madres y amas de casa.

Empoderamiento es saber que has ganado confianza en ti misma y que estás en el camino hacia la independencia financiera, que sabes cómo manejar tus asuntos pase lo que pase. Aprendes a hacer el próximo pago de la hipoteca, pagar tus facturas y evitar que te corten la luz.

Espero que este libro se convierta en una herramienta para ti y para todas aquellas que lo lean, y que te brinde algunas ideas básicas que te permitirán hacer el mapa de tu camino financiero.

Te invito a formar parte de *Empowered Worth*. Tómate un momento para visitar nuestro sitio web, donde podrás leer nuestros *blogs*, suscribirte para recibir nuestros boletines y escuchar nuestro *podcast*. El mejor momento para comenzar a formarte financieramente es ahora; el momento adecuado para detenerte es... bueno, nunca.

Así como es cierto que tus consejeros y asesores no lo saben todo, tú tampoco lo sabrás todo. Pero tener el poder suficiente para despertar la conciencia financiera en la próxima generación es una contribución muy importante para el mundo en que vivimos. Si nuestras hijas y nietas ven que somos dueñas de nuestras finanzas, estas lecciones se transmitirán a través del tiempo. Más allá de empoderarnos a nosotras mismas, nuestro crecimiento empoderará a las generaciones futuras. Las niñas ya no creerán que necesitan un hombre que las mantengan, o que deben renunciar al control de sus finanzas. En cambio, se verán a sí mismas como iguales que contribuyen a los asuntos financieros con perspicacia, análisis, opiniones inteligentes y suficiente energía para igualar la intensidad de sus homólogos masculinos.

Estoy convencida de que la independencia financiera marcará el fin de la desigualdad salarial de género. Creo que gracias a ella tendremos más mujeres directoras ejecutivas y ejecutivas de nivel *C-suite*. Si comenzamos a cambiar la narrativa (y esperamos que este libro nos acerque un poco más a este objetivo) nos empoderaremos más como género. Las mujeres han revolucionado el significado del valor personal por generaciones, pero es hora de ampliar esa revolución para incluir el valor financiero también.

Muchas gracias por tu amplitud y disposición a tener esta conversación. Espero que visites nuestro sitio web y consideres formar parte del movimiento *Empowered Worth*. No solo tendrás acceso a conocimiento especializado sino también a una comunidad de mujeres que comparten objetivos similares.

Mantente atenta a nuestros próximos libros sobre este tema, y echa un vistazo a nuestros materiales en línea sobre finanzas, seguros, planificación a largo plazo y una gran cantidad de otros temas que ofrece la marca *Empowered Worth*.

Le he puesto todo mi corazón a esta misión, y mi equipo y yo continuaremos brindando información relevante y herramientas valiosas para que *Empowered Worth* siempre sea una fuente de sabiduría para ti.

hojas de trabajo

DECLARACIÓN DE VALOR NETO

ACTIVOS	
Descripción	**Valor aproximado**
Activos personales	
Residencia (según la última evaluación fiscal)	
Joyas, monedas raras, obras de arte, objetos de colección (valor de reventa aprox.)	
Automóviles y vehículos recreativos (valor de reventa aprox.)	
Otro	
Activos personales totales	

FONDO DE LIBERTAD (TUS ACTIVOS LÍQUIDOS)	
Cuentas de ahorro no relacionadas con la jubilación, fondos de mercado monetario, letras del Tesoro, certificados de depósito menores a un año	
Activos líquidos totales	

ACTIVOS DE INVERSIÓN

Cuentas de inversión para la jubilación

Cuentas de inversión no relacionadas con la jubilación

Bienes inmuebles comerciales o no residenciales

Valor en efectivo de las pólizas de seguro

Activos de pequeñas empresas y / o préstamos pendientes a particulares o pequeñas empresas	
Activos de inversión totales	
Activos totales	

PASIVOS

DESCRIPCIÓN	SALDO ADEUDADO APROXIMADO
Deuda de tarjetas de crédito y personal (préstamos a corto plazo, préstamos para automóviles, líneas de crédito, préstamos de miembros de la familia). Incluye las tasas de interés y plazos de pago en la descripción.	
Deuda personal a corto plazo no deducible total	

Hipoteca(s) sobre la residencia principal	
Otras hipotecas	
Hipotecas totales	
Préstamos de inversión deducibles de impuestos	
Préstamos de inversión totales	
Pasivos totales	
Activos totales menos pasivos totales = valor neto financiero	

DECLARACIÓN DE FLUJO DE CAJA

Nada puede ser más simple o más claro. El flujo de caja negativo es insostenible. Crea ansiedad y conflictos en las relaciones. Puede afectar tu salud, desempeño laboral y tu capacidad para criar a tus hijos. El flujo de caja positivo, en cambio, te brinda una sensación de bienestar y el poder de hacer realidad tus sueños. Elige con sensatez.

DESCRIPCIÓN	INGRESO	GASTO
Ingresos por salario	$	
Ingresos de bonificaciones o comisiones	$	
Ingresos por alquileres	$	
Ingresos por trabajo por cuenta propia u honorarios profesionales	$	
Ingresos por inversiones	$	
Ingresos por manutención infantil o conyugal	$	
Pensiones	$	
Otro	$	

Cotización del plan de jubilación		$
Programas de ahorro o inversión		$
Pagos de préstamos o de tarjetas de crédito		$
Hipoteca / alquiler		$
Seguro de vivienda o de inquilino		$
Impuestos a la propiedad		$
Reparaciones y mantenimiento del hogar		$
Servicios públicos: gas / electricidad / agua		$
Teléfono		$
Tv por cable e internet		$
Ayuda doméstica		$
Alimentos		$
Pedidos a domicilio y comida rápida		$
Cenas en restaurantes		$
Artículos de mantenimiento del hogar (limpiadores, suministros, etc.)		$

Cuotas del préstamo del automóvil		$
Mantenimiento y reparación de automóviles		$
Gasolina y gasoil		$
Estacionamiento		$
Transporte público		$
Seguro del automóvil		$
Mascotas: alimentos, servicios veterinarios, permisos, etc.		$
Ropa		$
Educación y matrícula escolar		$
Cuidado personal (cosméticos, vitaminas, gimnasio, salón de belleza, etc.)		$
Niñera		$
Guardería		$
Entretenimiento		$
Manualidades y pasatiempos		$
Vacaciones		$
Seguro médico		$

Medicamentos		$
Atención dental		$
Seguro de discapacidad		$
Seguro de vida		$
Cargos bancarios		$
Honorarios profesionales		$
Gastos de la vista		$
Regalos		$
Membresías		$
Donaciones a instituciones benéficas		$
Otro		$
Ingresos totales	$	
Gastos totales		$
Flujo de efectivo	$	$

TU HISTORIA DE DINERO

Desde niños, mucho antes de que tengamos el poder de filtrar los mensajes que recibimos, aprendemos sobre dinero. En la mayoría de los casos, no se nos enseña mucho (como señalé anteriormente en la sección sobre formación financiera). En cambio, aprendemos de las actitudes, creencias y comportamiento de las personas que nos rodean.

Sus actitudes y creencias inciden en nuestro comportamiento como adultos, por lo que debemos volver allí y hacernos conscientes de ellas. Busca un momento de quietud para abrir un poco tu mente.

Presta atención a los pensamientos que circulan en ella: ¿De dónde vienen? ¿A dónde van? ¿Quién es esta persona mirando tus pensamientos en este momento? Alcanza el punto de conciencia que te permite observar cómo tus pensamientos se mueven a través de tu mente y suéltalos suavemente, volviendo una y otra vez al punto de conciencia.

Piensa en la habitación en la que dormías cuando eras niña. Estás acostada en tu cama, tratando de dormir. Puedes escuchar a los adultos hablando en algún lugar de tu hogar. Quédate ahí por unos minutos.

Ahora, toma un bolígrafo y una hoja de papel y responde las siguientes preguntas.

Valor y autoestima, tus primeros años

¿Recibías una mesada? ☐ *Sí* ☐ *No*

Si es así, o si te regalaban o ganabas dinero, ¿qué hacías?:
☐ *¿Lo ahorrabas?* ☐ *¿Lo gastabas?*
☐ *¿Ahorrabas una parte y gastabas otra?*

Si gastabas más de lo que ahorrabas, ¿cuáles eran tus «inversiones» favoritas? Marca todas las que correspondan.

☐ *Golosinas (comida y dulces)*
☐ *Entretenimiento (cine, revistas, libros de historietas)*
☐ *Juguetes*
☐ *Ropa*
☐ *Cualquier cosa que interesara a tus amigos esa semana*

- ☐ *Variaba de semana a semana, no había una tendencia clara*
- ☐ *Cosas para otras personas*
- ☐ *Otra (descríbela abajo)*

....

....

....

....

Si ahorrabas más de lo que gastabas, ¿qué te hacía sentir más feliz?

- ☐ *La acumulación de dinero: te encantaba ver cómo aumentaba el saldo en tu cuenta de ahorros.*
- ☐ *La emoción anticipada por una gran compra: pensar y soñar con el día en que comprarías una bicicleta, irías a Disneylandia con un gran fajo de dinero en efectivo o sacarías tu licencia de conducir y comprarías un automóvil.*
- ☐ *El placer de sentirte propietaria: no la emoción anticipada por comprar la bicicleta, sino el*

hecho real de tenerla y usarla; el orgullo de haber ahorrado para comprarla.

☐ *Otro factor (descríbelo en la siguiente página).*

....

....

....

....

¿Estaba tu mesada sujeta a los quehaceres del hogar? ☐ *Sí* ☐ *No*

¿Perdías a menudo tu mesada por portarte mal u olvidar hacer tus quehaceres? ☐ *Sí* ☐ *No*

¿Podías aumentar tu mesada o ganar dinero haciendo quehaceres adicionales? ☐ *Sí* ☐ *No*

¿Cuál fue tu forma más creativa de ganar dinero o de conseguir algo que querías que tus padres no quisieron comprarte?

....

....

....

....

¿Hacías alguna de estas actividades?:

☐ *Cuidar niños*

☐ *Vender cosas que ya no usabas a tus amigos*

☐ *Otra (Enumera todo lo que hiciste alguna vez para ganar dinero antes de hacerte adulta)*

....

....

En general, ¿sentías que tenías el poder de ganar dinero para comprar las cosas que querías con todo tu corazón cuando eras niña? ☐ *Sí* ☐ *No*

Si no fue así, ¿qué hacías?:

☐ *Te decías a ti misma que no importaba porque, de cualquier manera, no te interesaba tanto.*

☐ *Lo seguías pidiendo, tal vez hasta meterte en problemas.*

☐ *Esperabas que te lo regalaran en Navidad o en tu cumpleaños*
☐ *Lo soñabas*

¿Hay algo que quisiste con todo tu corazón cuando eras niña y que nunca recibiste?
☐ *Sí* ☐ *No*

¿Alguna vez le darías ese artículo o experiencia a tu hijo(a), si tuvieras / tienes uno(a)?
☐ *Sí* ☐ *No*

Si tuvieras dinero extra, ¿te lo comprarías ahora?
☐ *Sí* ☐ *No*

¿Qué lecciones crees que aprendiste cuando eras niña de la experiencia de no recibir algo que querías con todo tu corazón?

....

....

....

....

¿Recuerdas a tus padres escudriñando sus chequeras, contando cada centavo para pagar las facturas? ☐ *Sí* ☐ *No*

¿Existía la sensación de no tener suficiente o de que podrías ser codiciosa, que «el dinero no crece en los árboles» o que «tu padre no está hecho de dinero»? ☐ *Sí* ☐ *No*

¿Tuviste alguna vez ansiedad sobre la posibilidad de que «algo malo sucediera» con respecto al dinero? ☐ *Sí* ☐ *No*

¿Discutían tus padres por dinero? ☐ *Sí* ☐ *No*

Si es así, ¿cuáles eran las razones de la discusión? (Mamá gastó demasiado dinero, mamá malcrió a los niños, papá no mantenía bien a la familia, papá era tacaño, papá era extravagante, tenían demasiados hijos, etc.). Escribe lo que recuerdes.

....

....

....

¿Alguna vez sentiste vergüenza porque mantenerte era costoso? ☐ *Sí* ☐ *No*

¿Alguna vez sentiste vergüenza porque pediste demasiado? ☐ *Sí* ☐ *No*

¿Alguna vez te premiaron por no pedir demasiado?
☐ *Sí* ☐ *No*

¿Alguna vez sentiste vergüenza porque tus padres no parecían ganar suficiente dinero?
☐ *Sí* ☐ *No*

¿Alguna vez sentiste vergüenza porque tus padres tenían más dinero que otras personas?
☐ *Sí* ☐ *No*

¿Quién manejaba las finanzas en la familia?
☐ *Mamá* ☐ *Papá* ☐ *Ambos*
☐ *Otra persona*

¿Tu mamá tenía una asignación para los gastos de la casa o el supermercado? ☐ *Sí* ☐ *No*

¿Ella tenía que pedirle dinero o permiso a tu papá cuando quería comprar algo fuera de lo común?
☐ *Sí* ☐ *No*

Si tu mamá controlaba las finanzas, ¿tenía tu papá una asignación para gastos?
☐ *Sí* ☐ *No*

¿Quién tomaba las decisiones de compra importantes (la casa, el automóvil, los muebles, las vacaciones, etc.)?
☐ *Mamá* ☐ *Papá* ☐ *Ambos*
☐ *Toda la familia*

¿Quién compraba los regalos??
☐ *Mamá* ☐ *Papá* ☐ *Ambos*
☐ *Toda la familia*

Si tu mamá no estaba a cargo, o participaba de forma conjunta con tu papá en el manejo de las finanzas de la familia, ¿alguna vez te preguntaste por qué? ¿Cómo te sentiste al respecto en ese entonces? ¿Y ahora?

....

....

....

....

¿Consideras que tu forma de manejar el dinero se parece a la de tu papá o la de tu mamá? ¿De qué manera y por qué?

....

....

....

....

¿La situación financiera de tu familia era:

- ☐ *peor que la de la mayoría de las personas que conocías,*
- ☐ *más o menos igual,*
- ☐ *o mejor que la de los demás?*

¿Tus padres te hablaban de dinero?

☐ *Sí* ☐ *No*

¿Hablaban de dinero:

Entre ellos? ☐ *Sí* ☐ *No*

Entre ellos? ☐ *Sí* ☐ *No*

Si hablaban de dinero, ¿usualmente era:

☐ *una conversación tranquila,*

☐ *una conversación tensa, o*

☐ *una conversación airada?*

Cuando eras niña, ¿veías el dinero como algo que era:

☐ *controlado por los adultos? (es decir, ellos controlaban cuánto ganaban y cuánto gastaban), o*

☐ *aleatorio e incontrolable? (Parecía llegar por accidente y desaparecer misteriosamente).*

¿Cuál es el peor recuerdo de tu infancia que tuvo que ver con dinero?

....

....

....

¿Cuál es el mejor recuerdo de tu infancia que tuvo que ver con dinero?

....

....

....

....

Después de responder estas preguntas, ¿cómo te sientes? ¿Alguna de estas palabras describe lo que sientes ahora? Marca todas las palabras que correspondan.

Consciente	*Decidida*	*Curiosa*	*Competitiva*	*Emocionada*
Tranquila	*Inspirada*	*Normal*	*Ansiosa*	*Abrumada*
Desdichada	*Afortunada*	*Creativa*	*Confiada*	*Comprensiva*
Nostálgica	*Inquieta*	*Relajada*	*Orgullosa*	*Responsable*
Optimista	*Pesimista*	*Impaciente*	*Genial*	*Pensativa*
Poderosa	*Feliz*	*Triste*	*Nerviosa*	*Asustada*
Avergonzada	*Segura*	*Sensible*	*Fuerte*	*Vulnerable*
Confundida	*Enojada*	*Afectuosa*	*Fría*	*Incómoda*
Inferior	*Agradecida*	*Energizada*	*Pensativa*	*Intranquila*

Usando estos sentimientos como punto de partida, escribe un párrafo sobre cómo te sientes ahora y cualquier cosa que puedes haber descubierto en este momento. No separes el lápiz del papel, escribe lo más rápido que puedas. No te detengas a editar. No te detengas a pensar. Solo escribe.

....

....

....

....

....

....

....

....

....

Bien, vayamos ahora al momento en que comenzaste a vivir por tu cuenta.

¿Te sorprendió el precio de cosas como la comida y el papel higiénico? ☐ *Sí* ☐ *No*

¿Fue emocionante tomar tus propias decisiones o te dio algo de ansiedad?
☐ *Emocionante* ☐ *Aterrador* ☐ *Ambos*

¿Te volviste un poco loca (tomar café con Baileys en el desayuno, pasar todo el fin de semana acostada en la cama comiendo tortillas de maíz y leyendo revistas...)? ☐ *Sí* ☐ *No*

¿Ahorraste para hacer una compra importante o un viaje largo? ☐ *Sí* ☐ *No*

¿Qué edad tenías cuando recibiste tu primera tarjeta de crédito? ....

¿Desde la perspectiva de lo que sabes ahora, dirías que la usaste de manera responsable?
☐ *Sí* ☐ *No*

Si no fue así, ¿qué te gustaría haber sabido o a qué debiste prestar más atención?

....

....

....

....

¿Hiciste seguimiento a tus gastos desde el principio o comenzaste después? ☐ *Sí* ☐ *No*

¿Hubo un momento en el que te sentiste completamente independiente? Si es así, escribe sobre ese momento aquí.

....

....

....

....

¿Alguna vez tuviste que pedir dinero prestado a tus padres, amigos u otros miembros de la familia después de irte de la casa? ☐ *Sí* ☐ *No*

¿Tuviste que mudarte de nuevo con tus padres?
☐ *Sí* ☐ *No*

Si es así, ¿cómo te sentiste? ¿Y cómo lo manejaron tus padres?

....

....

....

....

¿Tus padres siguieron apoyándote cuando ya eras adulta? (Por ejemplo, mientras estabas en la universidad, cuando necesitaste un fiador en tu primera hipoteca, o cuando tuviste problemas para pagar el alquiler después de esas vacaciones a todo dar). ☐ *Sí* ☐ *No*

Si es así, ¿crees que…

☐ *te ayudaron con gusto y eso no cambió la relación entre ustedes, o*

☐ *lo hicieron de mala gana y ahora se preocupan por ti o te respetan menos?*

¿Harías lo mismo por tus hijos, si los tienes?

☐ *Sí* ☐ *No*

¿Cómo te sentirías acerca de pedirle dinero a tus padres (u otros parientes) ahora si estuvieras en problemas o si se te presentara una gran oportunidad?

....

....

....

....

¿Has tenido algún percance financiero? ¿Alguna vez te ha sucedido lo siguiente?

☐ *Tuviste que mudarte porque no podías pagar el alquiler de tu apartamento.*

- ☐ *Diste un cheque sin fondos.*
- ☐ *Diste cheques sin fondos varias veces.*
- ☐ *No pagaste tus facturas (teléfono celular, servicios públicos, tv por cable, etc.) a tiempo.*
- ☐ *Te cortaron el teléfono / la electricidad / la tv por cable por retraso en el pago.*
- ☐ *Tuviste que depender de la ayuda social, cupones de alimentos, etc., para sobrevivir en algún momento.*
- ☐ *Tuviste una mala calificación crediticia.*
- ☐ *Incumpliste los pagos de un préstamo o dejaste que el fiador se hiciera responsable del pago.*
- ☐ *Prestaste más dinero del que podías perder y no te lo devolvieron.*
- ☐ *Hiciste una mala inversión y perdiste tu dinero.*
- ☐ *Otro (descríbelo abajo)*

....

....

Si tuviste percances financieros de algún tipo (y créeme, esto le ha pasado a la mayoría de la gente de una u otra forma), ¿cuál fue el punto decisivo? ¿Pudiste arreglar las cosas por tu cuenta? ¿Pediste ayuda?

....

....

....

....

¿Cómo te hizo sentir esta experiencia en ese momento? ¿Afectó tu autoestima?

....

....

....

....

¿Cómo te sientes al pensar en eso ahora? ¿Aprendiste alguna lección que no podrías haber aprendido de otra manera?

....

....

....

....

¿Casarte o irte a vivir con tu pareja precozmente te impidió explorar la independencia financiera por tu cuenta? ¿O te encontraste en algún momento siendo la responsable de tu bienestar financiero y del de tu pareja? Si pudieras regresar en el tiempo y vivir de nuevo, ¿hay algo que harías de manera diferente?

....

....

....

....

Ahora, exploremos el presente.

De las siguientes afirmaciones, marca «completamente cierto», «un poco cierto» o «nada cierto» según corresponda.

Siento que la gente me querría más si tuviera mucho dinero.

☐ *Completamente cierto* ☐ *Un poco cierto*
☐ *Nada cierto*

Me preocupa que la gente se sienta amenazada por mí si tengo demasiado éxito.

☐ *Completamente cierto* ☐ *Un poco cierto*
☐ *Nada cierto*

Me preocupa que mis amigos o familiares se sientan incómodos conmigo si tengo demasiado o muy poco dinero.

☐ *Completamente cierto* ☐ *Un poco cierto*
☐ *Nada cierto*

Me preocupa que mi cónyuge o pareja se sienta amenazado si gano demasiado dinero.

☐ *Completamente cierto* ☐ *Un poco cierto*
☐ *Nada cierto*

Me preocupa que mi cónyuge o pareja se sienta amenazado si tengo o quiero su mismo nivel de control sobre nuestro dinero.

☐ *Completamente cierto* ☐ *Un poco cierto*
☐ *Nada cierto*

Me preocupa que la gente comience a depender demasiado de mí si me va bien en las finanzas, y tener que decirles que no.

☐ *Completamente cierto* ☐ *Un poco cierto*
☐ *Nada cierto*

La gente cree que tiene que… (marca todas las opciones que consideres que corresponden) para tener éxito financiero.

☐ *ser muy inteligente* ☐ *tener mucha educación*
☐ *ser hombre* ☐ *ser agresivo* ☐ *ser codicioso*
☐ *ser materialista* ☐ *tener suerte*
☐ *tener conexiones*

No merezco tener éxito financiero.

☐ *Completamente cierto* ☐ *Un poco cierto*
☐ *Nada cierto*

Merezco ser exitosa, pero nunca me tomo un descanso.

☐ *Completamente cierto* ☐ *Un poco cierto*
☐ *Nada cierto*

Soy demasiado joven o demasiado vieja para tener éxito financiero.

☐ *Completamente cierto* ☐ *Un poco cierto*
☐ *Nada cierto*

Si pongo mis relaciones y mi familia como prioridad en mi vida, no tendré éxito financiero.

☐ *Completamente cierto* ☐ *Un poco cierto*
☐ *Nada cierto*

No estoy dispuesta a hacer los sacrificios necesarios para tener éxito financiero.

☐ *Completamente cierto* ☐ *Un poco cierto*
☐ *Nada cierto*

Si tengo todo lo que quiero, alguien más tendrá que sufrir.

☐ *Completamente cierto* ☐ *Un poco cierto*
☐ *Nada cierto*

La vida es dura: tenemos que sentirnos afortunadas y no desear demasiado.

☐ *Completamente cierto* ☐ *Un poco cierto*
☐ *Nada cierto*

Querer cosas bonitas no es espiritual.

☐ *Completamente cierto* ☐ *Un poco cierto*
☐ *Nada cierto*

Si tuviera más dinero sería más feliz.

☐ *Completamente cierto* ☐ *Un poco cierto*
☐ *Nada cierto*

Ahora, escribe un resumen breve de tus creencias fundamentales y sentimientos sobre el dinero.

Mi historia de dinero

....

....

....

....

....

....

....

....

....

....

....

¿Hay algo que se interponga entre tú y la vida que sueñas? Sin levantar el bolígrafo de la página, describe cualquier creencia, actitud, pensamiento o recuerdo actual que pueda interponerse en tu camino.

....

....

....

....

....

....

....

....

....

....

Pregúntate lo siguiente sobre cada una de esas creencias:

1. ¿Es posible demostrar que esto es verdad?
2. ¿Hay alguna evidencia de que podría no ser verdad?
3. ¿Todos creen que esto es verdad?
4. Si no creyera que esto es verdad, ¿cómo cambiaría mi comportamiento?
5. Si no creyera que esto es verdad, ¿cómo podría cambiar mi vida?
6. Si quisiera ver estos cambios en mi vida, ¿es posible erradicar esta creencia y considerar una creencia alternativa que me sirva más?
7. ¿Estoy dispuesta a hacerlo?
8. ¿Cuáles son los tres pasos más importantes que puedo dar ahora para moverme en esa dirección?

TUS NOTAS

....

....

....

....

....

....

....

....

....

....

....

....

BIOGRAFÍA DE LA AUTORA

Victoria Lowell es una educadora financiera dedicada a empoderar a las mujeres para que se conviertan en participantes activas en la planificación de su futuro y bienestar financieros.

Nacida y criada en la Florida, Vicky aprendió el valor del espíritu empresarial al trabajar con sus padres en la empresa familiar. Esa experiencia cultivó lo que luego se convertiría en su pasión, ayudar a otros empresarios a alcanzar sus sueños. Se especializó en Administración de Organizaciones y Recursos Humanos en la Universidad Internacional de Florida.

En 2012, centró su labor principalmente en finanzas en *UBS Financial Services Inc.* (UBS), donde comenzó a trabajar como asociada de servicio al cliente. En ese cargo, su ayuda fue clave en la creación de contenido educativo para los clientes y en el desarrollo de servicios de asistente ejecutivo para *The Lowell Group*. En el 2017, hizo la transición natural hacia la asesoría financiera, donde implementó un enfoque integral y holístico para la planificación financiera.

Además, Vicky ha trabajado en varias entidades prestigiosas, entre ellas la Organización S.O.S de la Escuela de Administración Sloan en el MIT, Junior *League of Greenwich* (Liga Junior de Greenwich) en Connecticut, y a nivel local con el *Baptist Hospital*

Foundation (Fundación del Hospital Bautista). Iniciativas como estas fortalecieron su deseo de ayudar a empoderar a las mujeres en su comunidad para mejorar sus vidas en todos los aspectos pero, principalmente, a través de la independencia y el conocimiento financieros.

Mientras participaba en un diálogo franco y abierto con las mujeres de la comunidad, Vicky se dio cuenta de la importancia de educar a las mujeres sobre sus finanzas. Con ese fin, además de su enfoque en la planificación financiera, mejoró su conocimiento de las implicaciones financieras inmediatas y a largo plazo del divorcio como *Certified Divorce Financial Analyst®* (Analista financiera certificada en divorcios o CDFA®).

A finales del 2018, dejó a UBS para dedicarse a su pasión de ayudar a las mujeres a hacerse cargo de sus finanzas. Fundó *Empowered Worth*, una serie de recursos para la formación financiera orientados a educar a las mujeres para que no solo cubran sus necesidades económicas inmediatas, sino para que también alcancen sus objetivos a largo plazo.

Cuando no está animando y capacitando a mujeres para que se hagan cargo de sus finanzas, Vicky se dedica a su rol de madre de dos hijas y esposa amorosa de Carlos. Le gusta cocinar para familiares y amigos, viajar, cuidar su huerto orgánico y jugar con sus perros labradores Oreo y Kahleesi. También es miembro de la junta directiva de la Fundación del Hospital Bautista.

Fotografía: May Bagnell

Periódicos

Wall Street Journal (Nota: comienza por leer la primera página).

Revistas

Forbes, Money

Libros

The Sudden Wealth Solution: 12 Principles to Transform Sudden Wealth into Lasting Wealth (La solución para la riqueza repentina: 12 principios para transformar la riqueza repentina en riqueza duradera), por Robert Pagliarini

The Infographic Guide to Personal Finance: A Visual Reference for Everything You Need to Know (La guía infográfica de finanzas personales: una referencia visual de todo lo que necesitas saber), por Michele Cagan y Elisabeth Lariviere

Why Didn't They Teach Me This in School? 99 Personal Money Management Principles to Live By (¿Por qué no me enseñaron esto en la escuela? 99 principios personales de administración del dinero para la vida, por Cary Siegel

When She Makes More: 10 Rules for Breadwinning Women (Cuando ella gana más: 10 reglas para las mujeres que son sostén de familia), por Farnoosh Torabi

Finalmente, no olvides visitar nuestro sitio web para obtener todos los recursos que necesitarás: www.empoweredworth.com

Made in the USA
Monee, IL
04 November 2026

67380869R00125